Jutta Voigt

**Wilde
      Mutter
  ferner
      Vater**

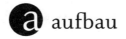 aufbau

Jutta Voigt
Wilde Mutter ferner Vater

 aufbau

Das Gedicht »Die Lösung« wird zitiert aus:
Bertolt Brecht, *Buckower Elegien und andere Gedichte*,
Insel Verlag, 2017.

ISBN 978-3-351-03799-4

Aufbau ist eine Marke der Aufbau Verlage GmbH & Co. KG

1. Auflage 2022
© Aufbau Verlage GmbH & Co. KG, Berlin 2022
Einbandgestaltung U1berlin, Patrizia Di Stefano
Satz Greiner & Reichel, Köln
Druck und Binden CPI books GmbH, Leck, Germany
Printed in Germany

www.aufbau-verlage.de

Für Peter,
Maria,
Charlotte,
Dschingis,
Jimmy,
Emilie

Liebe heißt,
im anderen sich selbst erobern.

FRIEDRICH HEBBEL

Endliche Erzählungen

Der Dialog mit den Toten darf nicht abreißen, bis sie herausgeben, was an Zukunft mit ihnen begraben worden ist. (Heiner Müller)

Margit, die Mutter

Ich sah gerade einen Film mit Mario Adorf, als mein Herz stehen blieb. Am Nachmittag beim Friseur war noch alles gut, auch die Haarfarbe war schön goldblond.

Johnny, mein später Geliebter, pflanzte eine Birke auf mein Grab. Jetzt liege ich hier, und die Erde schmeckt mir nicht mehr. Dabei habe ich nach dem Krieg so gerne Erde geschnüffelt. Ich habe meine Nase in jeden Blumentopf gesteckt und gierig die Erde eingesogen. Ich hatte das Gesicht voller schwarzer Krümel, wie eine Verrückte, aber ich war ganz normal.

Schauspielerin wäre ich gerne geworden, aber ich habe mich nicht getraut. Dabei konnte nach dem Krieg jeder werden, was er wollte, jedenfalls im Osten. Warum habe ich mich nicht in einer Schauspielschule angemeldet?

An dem Abend, als ich starb, hatte ich mich auf morgen gefreut. Und wie ich mich freute. Ich wollte endlich nach

Bayern fahren, weil ich noch nichts von der Welt gesehen hatte.

In meiner Jugend war ich eine dumme Person, unbeherrscht und ungerecht, auch meiner kleinen Tochter gegenüber. Sie sah alles ein, meine Kleine, ich hatte nur sie. Und zwei Abtreibungen. Als Judy erwachsen war, war ich stolz auf sie. Sie machte das Abitur und studierte sogar. Und sie heiratete einen Künstler, Henri, der gefiel der ganzen Familie.

Willi, mein Mann, war acht Jahre im Krieg. Als er zurückkam, hatte ich einen anderen. Wir lebten dann doch wieder zusammen, man muss sich ja treu bleiben. Willi tröstete sich. Mit Alkohol und Doris. Ich war eifersüchtig, obwohl ich froh war, nicht mehr die Verantwortung für ihn zu haben. Mein schöner Mann liebte eine andere. Und starb einfach so.

Willi, der Vater

Was will ich in diesem Grab mit lauter fremden Leuten. Es ist ein Familiengrab, aber es ist nicht meine Familie, ich kenne die doch gar nicht. Außer Doris, die lieb war und hübsch und die ertragen musste, dass ich mitten auf dem Asphalt starb, Lungenembolie. Am Himmelfahrtstag. Ich war erst siebenundvierzig und sah aus wie Mitte dreißig.

Von Margit hatte ich mich getrennt und sie sich von mir, sie konnte meinem Absturz nicht länger zusehen. Wie konnte das mit mir passieren, das Leben fing doch erst an. Ich war ein vielversprechender Kader. Da war ich Ende zwanzig, galt als Talent und glaubte an eine bessere Welt. Und die Frauen mochten mich.

Die Nazi-Behörden hatten vergessen, mich zur Musterung einzubestellen, aber dann schnappten sie mich doch noch. Am Ende steckten sie mich in die Waffen-SS. Die Gardegröße hatte ich und die Augenfarbe auch. Aber nicht die Gesinnung, in meiner Familie waren alle Sozialdemokraten. Ich liebte das Vergnügen und die Pflicht, aber nicht die Pflicht zum Heldentod. Ich liebte mein Paddelboot und das Feiern mit Freunden, am meisten aber liebte ich Margit. Sie erschien nicht zu meiner Beerdigung, Judy, meine Tochter, auch nicht.

Doris legte mich in ihr Familiengrab. Mein Name steht nicht auf dem Grabstein, vielleicht hatte sie Angst, dass Margit mich hier wieder rausholt. Macht sie aber nicht. Ich habe nie einen Menschen totgeschossen, sagte ich zu Margit, als ich aus der Gefangenschaft heimkehrte. Ob sie mir das geglaubt hat?

Judy, die Tochter

Ich war ein dünnes, blasses Mädchen, das den Geruch nach Feuer und Rauch in sich trug. Das über mehr Angst als Mut verfügte, über mehr Melancholie, als es weglachen konnte. Meine Heimat war der Krieg, diese Heimat blieb mir treu. Das Heulen der Sirenen und das Aufgehobensein in der Angst gaben mir Geborgenheit, der Geruch nach Keller ist für mich noch heute der Duft von Leben. Die Angst begleitet mich durch mein Dasein, das Jaulen einer einzigen Sirene reicht, um ein Bataillon von Ängsten in Marsch zu setzen und durch meine Seele zu hetzen.

Mein ferner Vater kam mir näher, je länger er tot war und ich seine verzweifelten Briefe an Margit, seine Frau und meine Mutter, gelesen hatte. Ich entdeckte, dass ich ihm ähnlicher war als meiner Mutter, ich fühlte Empathie mit dem schweigsamen Mann. Ein Leben lang war ich auf der Suche nach der Leichtigkeit des Seins. Ich habe sie gefunden, mein Vater fand sie nur im Rausch.

Ich war die Aufsteigerin der Familie, mein Aufstieg verstand sich von selbst, schließlich lebte ich in einem Arbeiter- und Bauernstaat. Ich glaubte an den Sozialismus, jedenfalls an die sozialistische Utopie; was daraus wurde, steht auf einem anderen Blatt. Ich war nie in einer Partei, Kämpfe gegen Dogmatiker kann man auch ohne Partei führen.

Ich war eine freie Frau. Die Idee, dass dies anders sein könnte, kam mir gar nicht erst. Auch die nicht, dass Männer klüger sein könnten als Frauen oder schlagfertiger oder sensibler. Anders sind sie, und das ist gut so.

Mit Liebe begann auch die Geschichte zwischen Margit und Willi, doch der Krieg war immer dabei. Meine Eltern wurden nicht glücklich.

Die Ehe mit Henri war lang und überwiegend heiter, sie bestand aus Leiden und Lachen. Das Lachen überwog. Henri war mir nicht treu, ich ihm auch nicht. Es war Liebe.

Henri, Judys Mann

Am Ende sollte ich keine Treppen mehr steigen, ich müsse zu Hause bleiben, sagte der Arzt. Das hielt ich nicht aus, ich war doch ein Leben lang in Bewegung.

Nach fünf Tagen ging ich runter auf die Straße, es war ein Donnerstag, der 12. März, mein Todestag. Ich schickte Judy letzte Nachrichten per SMS:

12:57 Uhr: TREPPAB. Einkauf bei Edeka. Kekse, Schokolade und Erbsen im Glas. Im Zeitungsladen den »Spiegel« gekauft.
13:49 Uhr: MENU im 1900. Vorweg prima Salat. Maronengnocchi mit Rosenkohl und Champignons.
15:24 Uhr: AUFSTIEG.

Das war meine allerletzte Nachricht. Ich schaffte es noch bis in unsere Wohnung im dritten Stock. Auf dem Korridor legte ich mich hin, mit Mantel und Schal. Ich war müde und starb.

Eine Viertelstunde später kam Judy. Dann Simone, Sophie und David. Jimmy wollte mich nicht tot sehen, er war erst vierzehn und fuhr lieber seine kleine Schwester spazieren.

Sie tranken an meinem Totenbett Moët & Chandon und stießen auf mein Leben an, Judy hat mir mit dem Champagner Stirn und Wangen eingerieben. Ich glaube, ich war glücklich. Das Leben war schön. Filme machen, Brecht lesen, Mozart dirigieren, mit Judy lachen. Mein Verstand war bei Brecht, mein Gefühl bei Mozart. Das waren die zwei Seiten in mir. Ich weiß nicht, welche stärker war.

Nach meiner Beerdigung waren alle beim Italiener gegenüber vom Friedhof. Judy schrieb in die Todesanzeige für die »Berliner Zeitung«: »Danke für das schöne Leben«. Das stand da mit ihrer Unterschrift.

Von meinem Grab aus kann ich Brechts Fenster sehen, da hat alles angefangen, da hört alles auf. Oder auch nicht. Mach weiter, lach weiter, Judy! Bring mir weiße Lilien ans Grab! Tanze nach dem Schostakowitsch-Walzer Nr. 2. Ich bin da.

Du bist so schön

Die Liebe ist manchmal das Traurigste, oft das Schönste, aber immer das Wichtigste im Leben. (Unbekannt)

Los, Margit, such den Herrenmenschen, fang ihn! Willi rennt die Treppen hoch zum Stierbrunnen und versteckt sich in einer Höhle unter der Brunnenschale. Los, fang den Herrenmenschen, groß, blond, blauäugig!, ruft er lachend.

Verliebte Kinder, die ineinanderstürzen.

Du bist so schön, flüstert sie.

Du bist so süß, flüstert er. Willi breitet sein Pfeffer-und-Salz-Jackett über den roten Stein. Um drei Uhr am Morgen zeugen sie Judy.

Es war September, es war 1940. Margit und Willi waren tanzen.

Wenn ich Sie wäre, sagte Margit beim ersten Foxtrott mit Willi, wenn ich Sie wäre, so groß, so blond, so blauäugig, würde ich mich freiwillig melden.

Willi erstarrte: Wissen Sie überhaupt, was Krieg bedeutet? Die haben vergessen, mich zur Musterung zu bestellen, ich melde mich nicht freiwillig. Wenn sie mich holen, und wenn ich falle, bin ich nicht gern gefallen für Volk und Vaterland, das sollten Sie wissen.

Margit schwieg und versank rettungslos in Willis blauen Augen. Aber Sie sind doch ein Herrenmensch, hauchte sie.

Willi brachte Margit nach Hause. Eine Sommernacht, sie liefen durch die Leipziger Straße, über den Alexanderplatz, vorbei am Märchenbrunnen, durch den Friedrichshain, wo Knallerbsen an Büschen wuchsen. Margit pflückte ein paar davon, warf sie auf die Erde und trat mit ihren hohen Absätzen drauf, bis sie knallten.

Je älter Judy war, desto größer wurde ihr Mitleid mit den Eltern, diesen beiden Achtzehnjährigen, denen der Lauf der Geschichte ihre Jugend stahl, sie hatten nur ein halbes Leben. Manchmal ist ihr, als wären Margit und Willi die um ihr Leben betrogenen Kinder und sie, Judy, ihre Mutter. Wenn sie heute einen ihrer Enkel umarmt, hat sie das Gefühl, es ist ihr Vater, groß, dünn und achtzehn Jahre alt. Und morgen muss er zur Musterung und übermorgen in den Krieg.

Als sie sich im Haus Vaterland kennenlernten, war Margit siebzehn und Willi achtzehn. Die Ideen für den Glitzerbau am Potsdamer Platz stammten aus den Zwanzigerjahren. Haus Vaterland war geplant als »Symphonie des Lebens«, die den in der Hauptstadt weilenden Gästen »ein Heim, das Freude und Unterhaltung bietet, ein Amüsiertempel, wie ihn die Welt noch nicht gesehen hat«.

Künstliche Wolkenbrüche mit Blitz und Donner im Restaurant Rheinterrassen, Cowboys in der Wildwest-Bar, für die brandenburgischen Bauern hielt die Eisenbahn direkt vor dem Bierkeller Teltower Rübchen. Es gab noch den Palmensaal mit der auf Stahlfedern gelagerten Tanzfläche, das türkische Café, die spanische Bodega. Allezeit, ob mit Verdunklung oder ohne, war die Stimmung nicht vorwiegend patriotisch, sondern vorwiegend weltoffen.

Am Ende eines Abends wurde manchmal der längst verbotene Swing gespielt, das jedenfalls erzählte Margit ihrer Tochter.

Jeder Gast, ob schwarz, weiß oder gelb, sollte im Haus Vaterland zu Hause sein – das war die mondäne Devise, die auch noch galt, als die Weltoffenheit längst vom schmutzigen Lappen der Geschichte weggewischt worden war. Im November 1943 wurde das pompöse Gebäude von Fliegerbomben getroffen und mutierte zum Wehrmachtsheim für durchreisende Soldaten, mit Lebensmittelkarte und Verdunkelung.

Die Blonde, die Willis Cousin Berthold an jenem Abend in die Wild-West-Bar im Haus Vaterland mitbrachte, war übermütig, sie flirtete mit beiden Männern. Mein Bruder hat auch so goldene Haut, sagte sie mit Blick auf Willi. Das kommt vom Paddeln, erklärte er verlegen und bestellte zwei Schnäpse für die Herren und zwei Liköre für die Damen. Die Blonde hieß Miriam, sie plauderte frei heraus, dass sie eine Greiferin sei, dass sie Juden, die illegal in Berlin leben, um der Deportation zu entgehen, an die Gestapo verrate. Und dass sie selber eine Jüdin sei. Das tat dem lustigen Abend keinen Abbruch, im Gegenteil, der Tanz auf dem Vulkan wurde umso abenteuerlicher. Nach zwei Runden hatte Margit sich in Willi verliebt. Du bist ein Kind der Liebe, sagte sie später öfter zu Judy, ein Kompliment, das sie sich selber machte.

Hier war es

Die Liebe erträgt alles, glaubt alles, hofft alles, hält allem stand. Die Liebe höret nimmer auf. (1. Korinther 13)

Nachdem Haus Vaterland abgebrannt war, tanzte Margit, nur mit einem schwarzen Hemdröckchen bekleidet, auf dem Korridor der elterlichen Wohnung und sang dazu »Es war einmal ein Räuber, der lebte tief im Wald«. Wenn dabei ihre Brüste schaukelten und die Pfennige von den Strumpfbändern sprangen, erschien sie ihrem blassen Kind nicht geheuer. Die Tanzlust kam über sie wie Heißhunger – ein Schlager im Radio, ein Hauch Frühling, ein spontanes Auf-die-Probe-Stellen ihrer Kondition, und Margit steppte, swingte, walzte, bis ihr die Puste ausging.

Judy sah ihrer Mutter zu, sie lachte, und sie fürchtete sich. Denn in derselben Aufmachung – Strumpfband und Hemdröckchen – stellte Margit den Kohlenklau dar, die Reichspropagandafigur, die dem deutschen Volk Gas und Kohlen stahl. Es machte ihr Spaß, Judy Angst einzujagen und sie dann in den Arm zu nehmen und zu trösten. Sie war selber noch ein Mädchen, voller Lebenslust und Übermut. Abends, wenn sie ihr Kind halb angezogen – damit sie bei Alarm schnell mit ihm in den Keller laufen konnte –

ins Bett gebracht hat, mit dem Teppichklopfer auf der Bettdecke, damit die Kleine Gevatter Tod wegjagen kann, stellte sich Margit ans verdunkelte Fenster und rauchte.

So hatte Judy ihre Mutter am liebsten. Wenn von ihr nur noch die glimmende Zigarette zu sehen war, das kleine rote Glühen. Dann fühlte sie, dass alles gut wird. Bis die Sirenen heulten und Margit mit Judy zum Bunker rannte. Wenn man draußen jemandem begegnete, den man kannte, rief man ihm zu »Bleib übrig!« Heute sagt der Nachrichtensprecher im Fernsehen jeden Abend: »Bleiben Sie zuversichtlich!« Und er meint damit, dass es irgendwann wieder ein Leben ohne Corona geben wird.

Judy steht vor dem Stierbrunnen am Arnswalder Platz. Hier war es. Gegenüber ist die Friedeberger Straße, wo Margits Eltern wohnten, wo Margit wohnte und später auch Judy. Zu Füßen der fünf Meter hohen Stiere ist eine stolze Mutter mit prallem Kind platziert, der Fischer mit dem Netz, die Schnitterin mit dem Ährenbündel – starke Stiere, starke Menschen. Ambivalente Monumentalität, was wuchtig wirkt, hat Macht, so scheint es.

»Die Friedeberger Straße wurde beim Wiederaufbau nach dem Krieg nicht wiedereingerichtet«, so ist es unter »Verschwundene Straßen« in der Stadtgeschichte dokumentiert. »Es verblieb ein unbenannter Fünfzigmeter-Stumpf rechtwinklig zur Hans-Otto-Straße ...« Ein unbenannter Stumpf – das hört sich nach Amputation an. Weg, aus, vorbei auf ewig.

Judy sucht immer wieder den »unbenannten Fünfzigmeter-Stumpf« auf, sie vermisst die Friedeberger Straße.

Die Leere bleibt, aber es ist dasselbe Pflaster, es berichtet vom vergangenen Leben dieser Straße, von eiligen Schritten unter dem Heulen der Sirenen, von der Angst vor dem Bombenhagel, von Kinderfüßen, die bei Fliegeralarm nachts über das Pflaster tapern, kleine Gestalten, die vor Müdigkeit schwanken. »An der Oberfläche des Asphalts treffen die Ewigkeit und das Jetzt aufeinander, die Ewigkeit des Felsens und die Gegenwart des Lebens, das sich auf ihm abspielt. Dazwischen gibt es nichts.« So sah es ein Pflasterfachmann.

Das Pflaster weiß von den aggressiven Tritten der SS. Von den schweren Stiefeln der Roten Armee. Von Menschen, die auf dem Pflaster gestorben sind. Von Margits Angst, als sie mit Judy auf dem Arm zum Bunker rennt und stürzt. Mutter und Kind schaffen es knapp, alle Luken sind geschlossen, es ist lebensgefährlich, noch Leute reinzulassen, und dennoch öffnet jemand eine Luke und zieht Mutter und Kind in den Bunker.

Auf Berlin fielen in diesem Krieg mehr Bomben als auf jede andere deutsche Stadt, und doch wollte Margit sich nicht evakuieren lassen, sie glaubte, dass Berlin sie und ihr Kind beschützen würde. Margit lebte in ihrem ganzen Leben in keiner anderen Stadt, Berlin war ihre Religion.

Der Luftschutzbunker im Friedrichshain galt als bombenfest, wer es bis dorthin schaffte, hatte die Chance, zu überleben. Der Bunker war sozusagen um die Ecke, die Friedeberger nur zehn Minuten entfernt vom rettenden Ziel. Abertausende Menschen passten da rein. Im kleineren Bunker nebenan war die Kunst untergebracht, ungefähr vierhundert Gemälde aus Berliner Galerien waren dort versteckt, gemalt von Michelangelo, Botticelli, Raffael und Rubens. Nach dem Krieg waren sie verschwunden, verbrannt, verloren, unauffindbar, auch die sowjetische Trophäenkommission fand nichts heraus, bis heute nicht.

Tamara Danz, die Diva der Gruppe Silly, besang den großen Bunkerberg, den man nach dem Krieg Mont Klamott nannte. »Lass sie ruhn, die Väter dieser Stadt, die sind so tot seit Deutschlands Himmelfahrt«, hatte die alte Frau gesagt, mit der Tamara Danz auf dem Bunkerberg gesprochen hatte. »Auf 'm Dach von Berlin sind die Wiesen so grün – Mont Klamott / Lass sie ruhn, die Väter dieser Stadt ... Die Mütter dieser Stadt hab'n den Berg zusammengekarrt.«

Judy war ewig nicht hier oben, irgendwas hat sie jahrzehntelang davon abgehalten. Die Sonne scheint, es ist klar und kalt. Die Rodelbahn, genannt Todesbahn, wird gerade instand gesetzt, Spaziergänger sonnen sich, von Geschichte kaum eine Spur. Von den beiden Bunkern ist nichts, gar nichts mehr zu sehen. Sie wurden 1946 mit einer gewaltigen Detonation gesprengt, die Betonriesen fielen erst beim zweiten Versuch um, sie hatten kaum Kriegsschäden, aber drei Meter dicke Betonwände. Später wurden die Bunker von den Trümmerfrauen mit dem Schutt der zerbombten Stadt zugeschüttet. Ein mystischer Vorgang; die Frauen räumten auf mit der Geschichte.

Judy geht wieder und wieder an die Stelle, wo einmal die Friedeberger war, sie füllt die Leere mit Erinnerungen. Holt sich ein hohes Stück Rhabarberkuchen und einen Kaffee im Pappbecher bei Bäcker Bisewski, der seinen Laden seit Jahrzehnten an dieser Stelle führt und schon immer guten Kuchen gebacken hat. Sie setzt sich auf eine Bank zwischen Kastanien und starrt auf den Stierbrunnen. Eine schon lange nicht mehr junge Frau, groß und schmal, mit kurzen blonden Haaren – Judy. Wenn das Pflaster noch da ist, sind auch die Seelen noch da, die Atemzüge. Hingehauchtes, Benutztes. Gelebtes. Spuren, die spüren können.

Eine Kindergruppe mit russischsprachigem Erzieher tobt auf dem Platz, der Erzieher ruft einen Jungen zur Ordnung, Nikolai, Nikolai, bleib stehen!

Russen am Arnswalder Platz, das gab es doch schon mal, da hieß der Platz noch Hellmannplatz, nach dem Nationalsozialisten Fritz Hellmann.

Nikolai, Nikolai! Komm zurück! Der Kleine rennt um das Rondell, dem Erzieher in die Arme.

Judy hat den hölzernen Küchenschrank mit den vielen Fächern und Schubkästen vor Augen, auch ihre Zelluloidpuppe im blauen Strickkleid war im brennenden Haus zurückgeblieben. Und der Teppichklopfer, den Judy jede Nacht auf der Bettdecke zu liegen hatte, um Gevatter Tod zu vertreiben. Gevatter Tod, das war, so dachte Judy, Franklin D. Roosevelt, über den die Mutter und die Großmutter in der Küche viel redeten.

Alles verbrannt, die kleine Friedeberger endete im großen Trümmergrab, heute kennt sie keiner mehr. Auf dem Stierbrunnen brennen viele rote Lichter, liegen Blumen im Gedenken an die Toten der Corona-Pandemie.

Auf der Bank neben Judy telefoniert eine Frau, sie wiederholt jeden Satz, die Lautstärke steigert sich: Du musst dir das auf-schrei-ben, Mama, wir kommen am Donnerstag. Am Don-ners-tag! Nein, nicht auf einen Zettel, du musst das in deinen Ka-len-der schreiben: Nein, nicht Dienstag, Donnerstag, Mama, Donnerstag kommen wir! Diese Mama könnte ein Kriegskind gewesen sein.

Krieg kann so leicht sein

Wenn sich die späten Nebel drehn
Werd ich an der Laterne stehn
Wie einst Lili Marleen. (Hans Leip)

Willis Freund Werner schickt einen Brief aus dem im Schnelldurchlauf besiegten Frankreich: »Wir trinken hier nur noch Champagner, die Fl. kostet 25–35 Francs, das sind nach unserem Geld 1,25–1,75 Reichsmark – was für ein Leben!«

»In Berlin geht alles seinen gewohnten Gang«, antwortet Willi, der Daheimgebliebene, »die englischen Luft-Gentlemens haben eine Anzahl Brand- und Sprengbomben abgeworfen. Der Überfall forderte Gott sei Dank keine Todesopfer und verursachte geringen Sachschaden.«

Ach, Krieg kann so leicht sein. Siegestaumel. Trompeten, Trommeln, Pferde. Vor den Pariser Cafés sitzen deutsche Offiziere. In einem Schwarz-Weiß-Film sieht man die Franzosen durch ihre Straßen laufen wie Fremde, ein alter Mann schluchzt.

Berthold, der Cousin, schreibt am 14. August 1940 an Willi: »Ich bin erstaunt, dass Du noch in der Öffentlichkeit bist, lieber Willi, ich habe angenommen, man hat Dich polizeilich holen lassen, weil Du nicht wie Deine gleichaltrigen Kameraden zur Musterung warst. Es tut jetzt wirklich Not, dass Du Dich mit Deinen geistigen wie sportlichen Fähigkeiten zur Wehrmacht, wenn nötig, freiwillig meldest. Tue also Deine verdammte Pflicht!«

Von allen Seiten bekommt Willi nachdrückliche Aufforderungen. Er hält dem Druck nicht stand und meldet sich irgendwann zur Musterung, er geht zur Flak, lernt, mit Flugabwehrkanonen umzugehen, schließlich hat er eine Lehre als Versicherungskaufmann bei der Lufthansa absolviert.

Die Zeit vergeht, man weiß, dass sie vergeht, aber man vergisst, wie sie vergeht. Sie haut einfach ab, klammheimlich, ihre Kontinuität ist gestört, dieser ununterbrochen gleichmäßige Fortgang, der lückenlose Zusammenhang, er ist verloren gegangen. Die Zeit, die früher so sanft wehte, hat ihre überlegene Ruhe verloren. Die Zeit hat sich verändert, sie fließt nicht mehr, sie stolpert.

Auf die Welt gekommen ist Judy, das Kind des Stierbrunnens, auf dem Wohnzimmersofa. Ihre achtzehnjährige Mutter aß nach der Geburt heißhungrig zwei Mohnschnecken, die Großmutter weinte, der Großvater murmelte was von Prinzessin, die Nachbarn brachten Kornblumen, denn es war Sommer.

»Ein ideales Sommerwetter beschert den Menschen im Juni 1941 fast 271 Sonnenstunden. Bei geringen Regenmengen liegt die Temperatur im Durchschnitt um 1,1 Grad höher als normal«, hieß es im aktuellen Wetterbericht.

Das Baby Judy betrat die Bühne des Lebens dick und rund. Als hätte es sich Reserven angeschafft für das kommende Dasein in Angst und Schrecken. Ein Baby der Reserve. Der neunzehnjährige Vater bekam Urlaub vom Flakdienst, um sein Kind zu sehen. Und was sagte er?

Na, du kleine Sau, sagte er mit zärtlichem Blick auf die volle Windel, das verzieh Margit ihm nie, sie erzählte es oft auf Familienfeiern, mit ansteigender Empörung.

Je länger es her ist, desto mehr versteht Judy ihren Vater, der versuchte, mit den Widersprüchen des Lebens zurechtzukommen: So ein süßes, marzipanrosa Baby und dann das.

»Und wenn unser Herz uns zu weich werden will in den Sentimentalitäten, denen wir ausgeliefert sind, dann werden wir laut ordinär«, wird Wolfgang Borchert einige Jahre später in seinem »Manifest« schreiben, »alte Sau sagen wir dann zu der, die wir am meisten lieben ...«

Sie holen ihn vom Himmel, den britischen Piloten. Sein Tod lastete lebenslang auf Willis Gewissen. Willi und seine Flak-Kameraden hatten ihn abgeschossen. Sid lag auf einem Feld in Schleswig-Holstein, die Arme weit ausgebreitet, einen Brief an seine Verlobte in der Jackentasche:

»Betty, my Darling, today is my last mission. Soon, my dear, we can get married. So get your wedding dress out of the cupboard and tell mother to bake a cake. God bless you. In joy Your Sid.« Betty, Liebling, das ist mein letzter Einsatz. Dann heiraten wir. Also hol Dein Hochzeitskleid aus dem Schrank und sag Mutter, sie soll einen Kuchen backen. Gott segne Dich. In Vorfreude, Dein Sid.

Willi und seine Kameraden teilten sich Sids Sachen: die Fliegerjacke, die Schuhe, die Fallschirmseide. Jemand drückte ihm die Augen zu.

Er wäscht sich nicht, er spricht nicht, in seiner Freizeit liegt er nur im Bett, er verkommt, flüstern die Wirtsleute der jungen Ehefrau zu, die ihren Mann besucht. In der schmalen Kammer der dörflichen Unterkunft nicht weit vom Meer ist es kalt. Willi funktioniert wie eine kaputte Maschine, das Wort Depression kennt er nicht, aber er fühlt das Dunkel. Seine Augen sehen ins Leere.

Deine Augen sind so grau, die waren doch immer so blau, sagt Margit.

Nicht einmal vom Bahnhof hat er sie abgeholt. Und als sie Lili Marleen für ihn singt, reagiert er nicht. Das Lied war doch der Wächter ihrer Liebe gewesen, sie hatten sogar ihre Tochter nach Lili Marleen benannt: Judy Madleen, Klang und Rhythmus der Namen ähneln sich.

»Aus dem stillen Raume, aus der Erde Grund / Hebt mich wie im Traume dein verliebter Mund / Wenn sich die späten Nebel drehn, werd' ich bei der Laterne stehn / Wie einst, Lili Marleen / Wie einst Lili Marleen ...«

Lili war der Kosename der Freundin eines Freundes von Textdichter Hans Leip, Marleen hieß eine Hilfsschwester im Reservelazarett, so entstand der Name Lili Marleen. Die Schicksalsmelodie sendete Radio Belgrad jeden Abend um zehn Uhr. Britische Truppen in Nordafrika sangen mit. Wenn die Deutschen es spielten, riefen die englischen Soldaten zu den deutschen Schützengräben rüber: Louder please, comrades!

Lale Andersen, die das Lied als Erste sang, wurde gefragt, wie sie sich erklärt, dass »Lili Marleen« so berühmt wurde.

Kann man denn erklären, warum der Wind zum Sturm wird?, antwortete sie.

Dieser Schlager wird nicht nur den deutschen Landser begeistern, sondern möglicherweise uns alle überdauern, prophezeite der Führer, diesmal behielt er recht.

Der Schöpfer von »Lili Marleen« sei der einzige Deutsche gewesen, der während des Krieges der ganzen Welt eine Freude bereitet habe, bemerkte General Eisenhower.

Margit sang das Lied ein zweites Mal in der kalten Kammer. Willi sagte wieder kein Wort. So hatte Margit sich den Besuch bei ihrem Mann nicht vorgestellt. Die Fremdheit zwischen dem jungen Paar stand im Raum wie eine Eisbombe. Traurig lief Margit zum Zug nach Berlin; ob sie auf der Fahrt nachgedacht hat, über Willi, den Krieg und Betty aus England?

»Schön war die Zeit, als wir uns so geliebt haben«, wird Margit im November 1950 auf die Rückseite von Willis Foto schreiben; er trägt darauf die Luftwaffenhelfer-Uniform und sieht frisch gewaschen aus. Sein Mund ist jung, die Lippen noch kindlich aufgeworfen. Der Kragen der Uniformjacke steht offen, das ist nicht korrekt. Was er hinter sich hatte und was ihm bevorstand, ist dem Foto nicht anzusehen.

In Margits Formulierung verbirgt sich Enttäuschung, denn die schöne Zeit ist vorbei: »Schön war die Zeit, als wir uns so geliebt haben« – im Präteritum steckt das ganze Elend ihrer Ehe und der Zeit, in der sie leben mussten. Der Fluss der Geschichte hat sie ins Dunkle gespült.

Eigentlich habe ich noch gar nicht gelebt

Du sollst nicht töten. (Fünftes Gebot)

Wenige Tage nach dem deutschen Überfall auf die Sowjetunion entstand die Hymne »Der Heilige Krieg«, sie wurde jeden Morgen im sowjetischen Rundfunk gesendet.

»Steh auf, steh auf, du Riesenland! / Heraus zur großen Schlacht! / Den Nazihorden Widerstand! / Tod der Faschistenmacht! / Es breche über sie der Zorn / Wie finstre Flut herein. / Das soll der Krieg des Volkes / Der Sieg der Menschheit sein.«

1942 schreibt ein unbekannter junger Mann namens Otto an seine Familie: »Hier in Stalingrad verteidigen wir einen Schutthaufen. Lebt wohl, grüßt alle und vergesst mich nicht. Eigentlich habe ich noch gar nicht gelebt. Euer Otti.« Welch verzweifelte Wahrheit!

Judy denkt an den Jungen, der an einem trüben Februarnachmittag des Jahres 1943 über den Schularbeiten am Schreibtisch seines Vaters im Herrenzimmer saß. Dort fasste er einen Entschluss: Der heutige Tag, dieser eine, der ereignislos wie alle anderen vorüberzugehen scheint, der soll nicht vergehen wie alle anderen. So wollte es der neunjährige Henri. Er schrieb mit seinem Federhalter das Datum dieses Tages auf den blumengemusterten Seidenschirm der Tischlampe. Die Trauermusik im Radio galt der Vernichtung der 6. Armee bei Stalingrad. Deshalb weiß Henri heute, welchen Tag er damals auf der Tischlampe verewigt hatte, es war der 2. Februar 1943. Der Junge wurde siebzehn Jahre später Judys Mann. Willi, ihr Vater, war nur zwölf Jahre älter als Henri, verstrickt in diesen Krieg, verstrickt in dieses Schicksal.

Henri tat sein Leben lang, was er wollte, Willi musste sein Leben lang tun, was er nicht wollte. Er musste mit vierzehn den Tod seiner Mutter hinnehmen und auch, dass alsbald eine Stiefmutter ins Haus kam. Er musste über sich ergehen lassen, dass Verwandte und Freunde ihn dazu drängten, sich freiwillig der Musterung zu stellen. Er ließ sich gegen seinen Willen in die SS zwingen.

Sein Wille wurde gebrochen, immer wieder. Er musste an einem Krieg teilnehmen, den er nicht wollte. Nach seiner Rückkehr aus der Gefangenschaft musste er sich damit abfinden, dass seine Frau einen anderen liebte. Er musste sich in der DDR der Fünfzigerjahre auf zahlreichen Lehrgängen wie einen Schuljungen abkanzeln lassen, er durfte am Wochenende kein Bier trinken gehen, weil das unmoralisch war. Er tat es doch und wurde als »Lebemann« denunziert, was man in seiner Kaderakte vermerkte. Er musste. Was er wollte, spielte keine Rolle. Er war ein gebrochener Mann.

Beim Kramen in alten Kartons fand Judy ein Schwarz-Weiß-Foto von 1930, auf dem eine Schulklasse an Deck eines Dampfers zu sehen ist, Jungs, die sich umarmen, die meisten lachen übermütig. Der Junge im weißen Hemd lacht nicht, er lächelt, er sitzt am Rand der Gruppe – es ist

Willi, Judys Vater, blond und neun Jahre alt. Sein Lächeln ist dem ähnlich, das er als Erwachsener zeigte, wenn er Schnaps getrunken hatte. Als würde er sich so sein Lächeln zurückholen, ein kindliches, hoffnungsvolles Lächeln, mehr verlangte er nicht vom Leben, er bekam weniger.

Eins der wenigen Kriegsthemen, über die Willi sprach, war Pervitin, die Wunderwaffe des Zweiten Weltkriegs, im Grunde dasselbe wie heute Chrystal Meth. Die Soldaten fühlten sich unbesiegbar, wach, angstfrei und selbstbewusst. Die Offiziersfrauen in der Heimat bevorzugten die zartere Variante des Aufputschmittels. Mit der Pervitin-Praline, der »Hausfrauenschokolade«, erlebten sie sich als mondän. Die Soldaten an der Front aßen »Panzerschokolade«, sie brauchten drei Tage lang keinen Schlaf und konnte einen Blitzkrieg nach dem anderen gewinnen. Ganze Regimenter schluckten Pervitin, »stimmungsaufhellend und leistungssteigernd«, jedoch auch süchtig machend und lebensmüde. Soldaten, die auf Pervitin waren, verloren den Instinkt für die Gefahr und litten an Psychosen. Krieg im Rausch, Töten im Rausch. »Heute schreibe ich hauptsächlich um Pervitin, vielleicht könnt ihr mir noch etwas für meinen Vorrat besorgen. Schickt mir nach Möglichkeit bald noch etwas«, schrieb der junge Heinrich Böll von der Front an seine Eltern.

An einem Tag Ende April 1945 steigt Margit in einem ausgeschnittenen Sommerkleid die Kellertreppe hoch, um eine Strickjacke aus der Wohnung zu holen. Da sieht sie Männer in schwarzen Uniformen das Haus anzünden.

Seid ihr verrückt geworden?, schreit sie, im Keller sind Menschen.

Befehl ist Befehl, antwortet einer der Männer und zündelt gleichgültig weiter.

Margit rennt zurück in den Keller: Unser Haus! Es brennt! Unser Haus!

Die Nachbarn können sich nach draußen retten und starren auf die Friedeberger in Flammen.

Judys Großvater Georg nimmt auf der kurzen Flucht aus dem brennenden Haus in die nahe Pasteur-Schule nur den Teekessel mit, kein Federbett, kein Hemd, kein Handtuch, nur den Kessel, er will sich nach dem Krieg eine schöne Tasse Kaffee kochen und sie in Ruhe und Frieden austrinken.

In der Pasteur-Schule verhungern Säuglinge an den Brüsten ihrer Mütter, ein Schuhmacher besohlt unentwegt nicht vorhandene Schuhe. Eine junge Frau schreit tagelang, weil sie zusehen muss, wie ihr Baby stirbt. Die unermüdliche Großmutter ist jeden Abend damit beschäftigt, ihr offenes Bein zu verbinden und plattierte Strümpfe darüber zu ziehen, damit niemand es ansehen muss. Sie ist es, die unter Beschuss das Wasser von der Straße holte; denn sie ist die Ältere, Margit dagegen hat ein kleines Kind. Natürlich bringt die Großmutter sich in Gefahr und nicht die junge Mutter, natürlich.

Nach drei Tagen sagt einer der Polizisten: Ihr braucht keine Angst mehr zu haben, wir verteidigen die Schule nicht, wir übergeben sie.

Alle am Leben, Großvater Georg, Großmutter Erna, Margit und Judy, alle glücklich. Sie sind ausgebombt. Haben nichts mehr, gar nichts mehr. Keinen Küchenschrank, keine Puppen, keine Familienfotos.

Ich habe noch nie so einen wunderbaren Frühling erlebt, sagt Margit, sie sagt es öfter: Ich habe noch nie so einen wunderbaren Frühling erlebt.

»In den Gärten blühten Apfelbäume, der Flieder duftete, der Rasen war leuchtend grün, der Himmel hoch und blau«, schrieb der sowjetische Kulturoffizier Grigori Weiss in seinem Buch »Am Morgen nach dem Kriege«. Sieger und Besiegte feiern den Berliner Frühling. Berlin beschützt uns, davon war Margit überzeugt, sie hatte eine Evakuierung immer abgelehnt: Berlin beschützt uns, sagte sie zu Judy, und sie sagte es oft.

Der Krieg ist aus

Das große Carthago führte drei Kriege. Es war noch mächtig nach dem ersten, noch bewohnbar nach dem zweiten. Es war nicht mehr auffindbar nach dem dritten. (Bertolt Brecht)

Margit hat herrische graue Augen und einen Blick wie eine Dompteuse, was sie anordnet, hat zu geschehen. Sie wurde gleich nach dem Krieg aktiv, sie enttrümmerte nicht, sie sorgte für ihre Familie, auf dem Schwarzen Markt besorgte sie Butter und Brot. Mutter Unser!, betet der atheistische Opa und lächelt: Geheiligt werde dein Name, Dein Reich komme, Dein Wille geschehe! Für den Schwarzen Markt ist er vollkommen ungeeignet. Er hat zwei Kartons mit weißen Negerküssen bis zur Unverkäuflichkeit zerdrückt, weil er sich beim Einsteigen im letzten Moment mit den Kartons in die überfüllte Straßenbahn quetschte, man muss doch höflich sein und Frauen den Vortritt lassen.

Bist du meschugge, Papa?, fährt Margit ihren Vater an. Wäre Margit Trümmerfrau und nicht Schwarzmarkthändlerin gewesen, wäre der Großvater gestorben. Ihm lief das Blut in breiten Bahnen die Beine runter, wenn er aus dem Bett aufstand – Hungerödeme. Keiner hätte geglaubt, dass er wieder gesund wird, nur seine Tochter.

In der Pasteurstraße ist der Krieg zu Ende, in der Dunckerstraße, wo Willis Eltern wohnen, eine halbe Stunde zu Fuß von der Friedeberger entfernt, tobt er noch. Verteidigung des Krieges durch halbwüchsige Jungs und fanatische Greise, die Angst haben und Angst machen.

Kommt bloß schnell weg, die Oma hält Judys Hand fest in ihrer, die sind alle meschugge hier, wir gehen lieber zurück in die Immanuelkirchstraße, das Haus von Willis Schwester steht noch, da können wir vielleicht für ein paar Tage unterkommen, Tante Käthe kocht für die Russen.

Während der Kämpfe um Berlin haben die Rotarmisten mehr als einhunderttausend Mädchen und Frauen vergewaltigt. Die russischen Frontzeitungen hatten die Soldaten dazu aufgerufen, ein »Buch der Rache« zu führen. Später wurden russische Vergewaltiger von ihren Vorgesetzten für solche Vergehen hart bestraft. Doch erst mal Rache. Für fünfundzwanzig Millionen tote Russen, für sechs Millionen ermordete Juden, für die erfrorenen Einwohner von Leningrad, die still starben, im Stehen, an eine Wand gelehnt, verhungert. Rache für die kleinen Kinder in der Ukraine, die von SS-Männern so lange mit dem Kopf gegen die Wand geschlagen wurden, bis sie tot waren.

Als Marta Hillers' Buch »Anonyma« 1959 zum ersten Mal erschien, stieß es, besonders in Deutschland, auf schroffe Ablehnung – »eine Schande für die deutsche Frau«. Die vergewaltigten Frauen sollten sich schämen, dass sie den deutschen Männern so etwas antaten, während die in Russland kämpften und töteten. Lange war die Rede nicht von der Schuld der Männer, sondern von der fehlenden Scham der Frauen, die sich besser hätten erschießen sollen, was manche auch getan haben. Als Marta Hillers' Verlobter aus dem Krieg heimkehrte, verzog er verächtlich das Gesicht: »Ihr seid schamlos wie die Hündinnen geworden.«

»Anonyma, eine Frau in Berlin, Tagebuch-Aufzeichnungen vom 20. April bis 22. Juni 1945« stand vierundvierzig Jahre später monatelang auf der Bestsellerliste des »Spiegel«. Marta Hillers berichtet darin über das »Kellervolk« und die alltäglichen Vergewaltigungen sensibel und mit Galgenhumor. Lakonisch beschreibt sie die Widersprüche dieser Situation:

»Weder die junge Frau Lehmann noch Fräulein Behn sind bisher vergewaltigt worden, obwohl sie beide recht nett aussehen. Ihr Schutz und Schirm: die kleinen Kinder. Schon am ersten Russenabend haben sie gemerkt, was sie an den Kindern haben. Da waren zwei rüde Kerle in die Wohnung eingedrungen, hatten sich mit Gewehrstößen und Geschrei Einlass verschafft, stießen das öffnende Fräulein Behn vor sich her, zimmerwärts – und stoppten vor dem Gitterbettchen, in dem bei Kerzenschein das Baby und der vierjährige Lutz beisammen schliefen. Einer sagte auf Deutsch, ganz baff: ›Kleine Kind?‹ Beide starrten eine Zeit lang auf das Bettchen – und verzogen sich dann auf Zehenspitzen wieder aus der Wohnung ... Am nächsten Tag bitten die Russen darum, noch einmal kommen zu dürfen. Schließlich sitzen wir einander gegenüber, die zwei Soldaten, Fräulein Behn, Frau Lehmann, an deren Knie sich der vierjährige Lutz festklammert, und ich. Vor uns in seinem Wagen sitzt das Baby. Ich übersetze, was der ältere Russe mich zu übersetzen bittet: ›Welch hübsches kleines Mädchen! Eine wahre Schönheit!‹ Und der

Sprecher ringelt sich des Babys Kupferlöckchen um den Zeigefinger ... Das Kind kommt mir wie ein Wunder vor, rosa und weiß mit Kupferlöckchen blüht es in diesem wüsten, halb ausgeräumten Zimmer zwischen uns verdreckten Menschen. Auf einmal weiß ich, warum es den Krieger zum Kindchen zieht.«

»Ganz klar«, schreibt Marta Hillers, »hier muss ein Wolf her, der mir die Wölfe vom Leib hält. Offizier, so hoch es geht, Kommandant, General, was ich kriegen kann.«

In der Immanuelkirchstraße ist der Wolf ein russischer Offizier, Boris hat blaue Augen und eine Glatze. Er gefällt Margit, weil er schüchtern lächelt und höflich ist. Seine Kameraden rufen ihn Kapitan, wenn er über die Höfe der Straße schreitet. Margit verliebt sich in Boris. Weil er sie vor den anderen Iwans beschützt. Weil er sie verzückt ansieht. Weil er Zigaretten und Brot und für ihr Kind Schokolade mitbringt. Die Russen haben sich gerächt durch Gewalttätigkeit an Frauen, aber sie haben sich nicht an den deutschen Kindern gerächt. Wo Kinder waren, wurden die russischen Soldaten zu Vätern und Brüdern, die ihr Brot mit ihnen teilten, ihre Kascha und die dicke, süße Kondensmilch – Sguschtschjonka.

Am 8. Mai 1945 kapituliert Deutschland.

Margit, komm kapitulieren!, ruft Boris. Sie gehen in das Schlafzimmer von Käthe, trinken eine Flasche Wodka auf die Tatsache, dass Hitler kaputt ist. Boris erzählt Margit von seiner Familie in Leningrad und dass viele seiner Liebsten gestorben sind im Hitler-Krieg, und dass er schon vier Jahre lang seine beiden kleinen Töchter nicht gesehen hat. Er legt die Pistole unter das Kopfkissen, Vertrauen gut, Kontrolle besser.

Margit findet das amüsant, sie ist vierundzwanzig. Sie ist traurig, als Boris versetzt wird. Und sie vergisst ihn nicht.

Als Willi aus russischer Gefangenschaft heimkehrt, berichtet ihm seine Stiefmutter, wie Margit damals aus dem Schlafzimmer gekommen sei, die Hände voller Zigaretten, Oma Lieschen deutet heftig gestikulierend an, was sich ihrer Meinung nach abgespielt hat. Und Margit verwandelt die russische Liebe flugs in eine Vergewaltigung. Eine Notlüge, die Willi durchschaut, aber gelten lässt.

Wenn ich damals dazugekommen wäre, sagt er mit zusammengepressten Lippen, wenn ich dazugekommen wäre, hätte ich ihn erschossen.

Das war ebenfalls eine Notlüge. Er hätte ihn nicht erschossen. Und er hat Margit nicht als ehrlose Frau beschimpft wie andere Heimkehrer ihre Frauen; vielleicht lag das an den vier Jahren in russischer Kriegsgefangenschaft.

Zweihundert Kilometer entfernt von Berlin, in Demmin, einer Kleinstadt an der Mecklenburgischen Seenplatte, spielt sich im Mai 1945 eine unfassbare Tragödie ab. Tausend Deutsche nehmen sich aus Angst vor der »bolschewistischen Bestie« das Leben. Hitler hatte ihnen vorgelebt, wie sich ein anständiger Deutscher nach einem verlorenen Krieg verhält, er schluckte Cyankali.

Die Einwohner von Demmin fürchten die Rache der Russen, sie haben kein Cyankali, sie erschießen, erhängen und ertränken sich. Diese Menschen glauben nicht an Versöhnung, nicht an eine Welt ohne Hitler, nicht an ihre eigenen Möglichkeiten zur Veränderung der Welt, sie glauben an die Macht des Schicksals, die ihnen in die Seelen gesenkt worden war.

Mütter binden sich ihre Kinder um den Leib und setzen Rucksäcke auf, gefüllt mit Steinen, sie ziehen schwere Pelzmäntel an und gehen ins Wasser. Scham, Schuld und Angst ziehen sie hinab in den kalten Fluss, ihre Kinder schreien und wehren sich, sie wollen leben.

Die Tragödie von Demmin wurde in der DDR jahrzehntelang verschwiegen, die Angst vor den Russen sollte nicht den Nimbus der Befreier zerstören, obwohl die Angst der »Herrenmenschen« vor der Rache der »Untermenschen« ihre Gründe in der Brutalität des Faschismus hatte.

Heute ist der 24. Mai 2021, Pfingstmontag, es ist kühl und windig. »Entdecke die schönsten Sehenswürdigkeiten in Demmin!«, steht auf der Homepage der Hansestadt. Der Polizei-Ticker meldet, dass ein Motorradfahrer durch seine rasante Fahrweise auffiel. Als die Polizei ihn kontrollieren wollte, gab er Gas. Letztlich konnte der Motorradfahrer jedoch angehalten und kontrolliert werden. In St. Bartholomaei findet ein ökumenischer Gottesdienst statt. Alles gut.

Der Zauber des Nachkriegs

Das Stadtviertel Unter den Linden gleicht einem kilometerlangen Sarg, in dem zwei tote Deutschland liegen. (Janet Flanner)

Am Straßenrand blühen die Maiglöckchen, sie duften nach Hoffnung, alles kann nur besser werden. Die Straßenkinder trällern den Kippenboogie: »Die Mutter ist im Krankenhaus, der Vater in Singsing / Die Tochter geht mit Negern aus, und die Kinder tanzen Swing. / Hey, hey, Kippenboogie, rauchste Camel oder Lucky, Tschutschu Boogie, die Länge ist egal.«

Margit fährt hamstern. Sie organisiert auf dem Schwarzen Markt eine seidige grüne Stehlampe. Sie lernt sich selber kennen, ihre Kraft, ihren Wagemut. Sie fühlt sich als Geschäftsfrau. Auf dem Schwarzen Markt trifft sie Charly, von ihm hat sie später kaum was erzählt, außer dass er lässig, charmant und lustig war, der Alliierte aus Amerika.

Tausendvierhundert deutsche »Amiliebchen« haben amerikanische Männer geheiratet, aus Liebe und Lust am Fremden, an den schlanken GIs, an ihren Zigaretten, an ihrer überwiegend heiteren Siegermentalität und dem Vanillegeschmack ihres Milchpulvers: »Die Amiliebchen waren Wegbereiterinnen der deutsch-amerikanischen Freundschaft ... Vorreiterinnen auf dem langen Weg nach

Westen, Pionierinnen der Liberalisierung unserer Republik, es war ›Veronika Dankeschön‹, die den dicksten Schlussstrich unter die Vergangenheit setzte, mit Haut und Haaren und nicht selten sehr liebevoll«, schreibt Harald Jähner in »Wolfszeit«.

Lange wurde das historisch Bedeutsame an diesen Beziehungen nicht erkannt, die Amiliebchen wurden beschimpft, falls sie heirateten und nach Amerika auswanderten, und auch, wenn sie mit ihrem Ami in Deutschland blieben: Fünf Jahre brauchten sie, um uns zu besiegen, euch können sie in fünf Minuten kriegen, hetzten deutsche Männer.

Drei Tafeln Cadbury-Schokolade gegen eine Hitlerbüste – im Herbst 1945 konnte man auch Amerikaner, Engländer und Franzosen auf dem Schwarzen Markt treffen, sie tauschten Lucky Strikes gegen Parteiabzeichen der NSDAP. Die amerikanische Reporterin Kay Boyle schreibt über die widersprüchlichen Gefühle, die die amerikanischen GIs für die Deutschen hegen, Wut und Schrecken über die Morde an den Juden, aber auch Mitgefühl mit den hungernden, invaliden Geschöpfen, die auf den ruinierten Straßen um Brot betteln. »Sieger und Besiegte haben Heimweh«, schreibt Kay Boyle, irgendwie seien sie alle Fremde in diesem kaputten Land, »im trüben teutonischen Zwielicht«.

Der Schwarze Markt ist eine Wanderbühne mit absonderlich kostümierten Darstellern. Sie tragen lange Mäntel, die sich aufklappen lassen und die Schätze der Nachkriegswelt freilegen, Schmuck, Uhren, Orden. Sie tragen Hüte wie Cowboys und Ganoven, schräger Schick in schrägen Zeiten. Eine Art Dreigroschenoper. »Und der Haifisch, der hat Zähne, und die trägt er im Gesicht. Und Macheath, der hat ein Messer, und das Messer sieht man nicht.« Razzien gibt es, Festnahmen – Glanz und Elend des Schwarzen Marktes.

Der Schwarze Markt blüht und gedeiht. Eine Frau mit müden blonden Haaren sucht eine Brennschere, sie muss schön aussehen. Sie will sich einen Mann suchen, es gibt nicht viele, die Konkurrenz ist groß. Die Schuhe, die sie auf dem Schwarzen Markt zum Tausch anbietet, sind Herrenschuhe. Eine andere Frau hält eine Brennschere in der Hand. Sie bekam gestern die Nachricht, dass ihr Mann aus Russland zurückkomme, die Schuhe der Brennscheren-Sucherin haben die richtige Größe, 43. In Zeiten des Mangels enthüllen die Dinge ihre wahre Bedeutung. Die Brennschere, der Schuh, die Frauen, die Männer.

Margit hat nichts, gar nichts zum Tauschen, nur Negerküsse. Aber es gefällt ihr auf dem Schwarzen Markt, und weil sie den weißen Lammfellmantel von der Plünderung anhat, kann sie mitspielen auf der Bühne der Schieber, die lässig eine Camel im Mundwinkel hängen haben, Rauchen betäubt den Hunger. Auf dem Schwarzen Markt ist Margit, was sie immer schon werden wollte: eine Schauspielerin. Und zugleich eine fürsorgliche Tochter, die Mutter, Vater und Kind vor dem Tod durch die Hungerkrankheit bewahrt. Aus dem verspielten Lehrmädchen der Damenwäscheabteilung bei Wertheim wurde eine Frau, die in dem Leben, das sie vor sich hatte, keine Autorität akzeptierte. Keiner war höhergestellt als sie – kein Chef, kein Schieber, kein GI, kein Rotarmist. Kein Vorgesetzter, kein Parteisekretär. Respekt hatte sie nur vor Künstlern.

Margit fliegt durch die Trümmerlandschaft wie eine Sternschnuppe, bei deren Anblick man sich was wünschen darf. Sie verkauft mit jedem Negerkuss unter Einsatz von immensem darstellerischem Aufwand den Geschmack der Friedenszeit. Als die Küsse noch schokoladenbraun waren und man im Speiselokal Schweinebraten mit Klößen bestellen konnte. Bei so viel Erinnerung an »Friedenszeiten« ließ sich der überrumpelte Geschäftsmann zehn Küsse auf der Zunge zergehen, macht hundert Mark.

Margit, die weiße Diva, trägt nach ihrer Tätigkeit auf dem Schwarzen Markt keine roten Rosen im Arm, sondern ein duftendes warmes Brot für die Familie, die in der kalten Wohnung stumm vor Hunger auf sie wartet. Im Winter 46/47 herrschten in Berlin minus zwanzig Grad. Als hätten die Russen als Strafe für den schrecklichen Krieg die sibirische Kälte eingeschmuggelt. Eintausendeinhundertzweiundvierzig Menschen sind in Berlin erfroren oder verhungert, zwei Millionen lebten in Ruinen.

Großvater Georg, auch Schorsch genannt, setzte sich jeden Abend nach getaner Arbeit mit dem »Nachtexpress« an den Küchentisch. Dass er als Zeitungsverkäufer so gut wie nichts verdiente, kümmerte ihn nicht. Er wollte unter allen Umständen ein anständiger Mensch bleiben. Schließlich war sein Vater ein Graf und er ein uneheliches Kind, seine vornehme Mutter nähte in Heimarbeit Regenschirme, sein Bruder war im Ersten Weltkrieg gefallen.

Negerküsse waren nichts für Opa, der verkaufte lieber bei Wind und Wetter den »Nachtexpress«.

Als Verantwortlicher zeichnete im Impressum ein Rudolf Kurtz, der seine Bürotage im Schlafanzug verbrachte. Zu den Redaktionssitzungen zog er einen schwarzen Anzug über den Pyjama und lobte jede Ausgabe des »Nachtexpress« als »fabelhaft«. Wirklich gemacht wurde das erfolgreiche Boulevardblatt von russischer Hand, von einem Leningrader Intellektuellen namens Major Feldmann, das aber war geheim. Boheme im Nachkrieg.

Meine Heimat ist der Krieg

Ich sehe, dass Völker gegeneinander getrieben werden und sich schweigend, unwissend, töricht, gehorsam, unschuldig töten. (Erich Maria Remarque)

Das Kind Judy hatte den November und auch den Dezember im Bett gelegen. Nicht, weil sie krank gewesen wäre, sondern weil es der kälteste Winter des Jahrhunderts war und weil sie keine richtigen Schuhe hatte, nur welche aus Igelit, von denen bekam man Frostbeulen, und die taten höllisch weh. Judy nuckelte noch, obwohl sie schon vier war. Vierzig Jahre lang zeigte sie stolz die Frostbeule am linken Daumen, ihre Trophäe des Nachkriegs.

Draußen minus zwanzig Grad, drinnen Eis an den Wänden.

Ihr einziger Pullover musste verbrannt werden wegen der Läuse, die sich eifrig vermehrten, da half alles blutige Knacken nicht. Manchmal kam die Mutter am Abend in ihrem weißen Mantel an Judys Bett und schenkte ihr einen Negerkuss, manchmal zwei, die sie nicht verkaufen konnte, weil sie zerdrückt waren. Es war, als erschiene ein Engel und umarmte Judy mit zärtlichen Negerküssen, die man später Schaumküsse nennen wird.

Wanzen fielen von der Decke des schon länger unbewohnten Berliner Zimmers, wo die Ausgebombten einquartiert worden waren. Mama, Oma, Opa und Judy schliefen dort unter Regenschirmen und stellten sich vor, dass es Regentropfen wären, die auf den Schirm platschten und nicht Blutsauger. Das hielt Judy nicht davon ab, das Kinderlied »Auf der Mauer, auf der Lauer sitzt 'ne kleine Wanze« zu singen, sie machte die Wanze zu ihrer Freundin: »Seht euch mal die Wanze an, wie die Wanze tanzen kann ...«

Die vierjährige Judy bereitet sich auf den nächsten Krieg vor. In der Schublade einer alten Kommode sammelt sie, was man ihrer Erfahrung nach im nächsten Krieg gebrauchen könnte. Kerzenstummel, Zigarettenkippen, die Reste von Kopierstiften, Schreibfedern, Papier, schwarzes Garn und amerikanisches Milchpulver.

Judy konnte sich eine Welt ohne Krieg nicht vorstellen, vor allem aber keine Welt ohne Nachkrieg, der Nachkrieg hatte sie verzaubert. Alles konnte nur besser werden, süßer, fetter, vollkommener. Alles konnte nur schöner werden, satter und gerechter. Der Zauber des Nachkriegs würde vom Himmel kommen wie ein Bonbonregen auf einen Hinterhof beim Kinderfest. Wie eine Truhe mit Lackbildengeln im Keller einer Ruine. Wie ein Schaufenster mit Gummibällen und Rollschuhen. Wie ein Vater, der heimkehrt und russisches Konfekt mitbringt. Wer einmal einen Nachkrieg erlebte, wird niemals im Leben ohne Freude sein.

Wenn die Hauptmieter nicht zu Hause sind, setzt sich die ausgebombte Margit in das sonnige Erkerzimmer in der Immanuelkirchstraße, das ist ihr gutes Recht, sie kann schließlich nichts dafür, dass ihr Haus abgebrannt ist und das der Familie Bergmann nicht. Falschen Respekt kennt sie nicht, sie ist eine junge Frau von unziemlichem Selbstbewusstsein. Sie sitzt in der lauschigen Erkerecke mit Blick auf die Immanuelkirche, liest einen Balzac-Roman, den sie sich in der Bibliothek ausgeliehen hat, und raucht dabei eine Lucky Strike. Einmal aß sie beim Lesen ein ganzes Kilo Pfefferminzfondants auf, die sie eigentlich auf dem Schwarzen Markt tauschen wollte, sie aß die Fondants ohne schlechtes Gewissen. Sie bewahrte die Familie vor dem Verhungern, aber die Pfefferminzfondants gehörten ihr. Sie konnte nicht aufhören zu essen. Das hat sie Judy viele Jahre später erzählt, immer noch peinlich berührt von ihrer Gier.

Judy durfte an der »Schwedenspeisung« teilnehmen, die das schwedische Rote Kreuz an drei- bis sechsjährige Kinder verteilte. Es duftete nach Rindfleischsuppe. Am Ausgang des Speisesaals standen wie Soldaten eines kriegerischen Bataillons die schwedischen Schwestern in ihren Schürzen, bewaffnet mit Esslöffeln voller Lebertran, der roch widerlich. An den Schwedenschwestern kam Judy nicht vorbei, sie musste den Tran schlucken. Dreimal ging sie zur Schwedenspeisung, und jedes Mal erbrach sie sich beim Hinausgehen. Das gute Schwedenessen – weg, der Hunger schlimmer als zuvor. Lebertran war das Ekelhafteste, was Judy kannte, dabei sollte der Tran so gesund sein, und sie war spindeldürr.

Sie muss was essen. Elf Personen stehen an einem Kiosk nach Schlagcreme an. Das vorletzte Mädchen in der Schlange ist zu schnell gewachsen, die Taille des karierten Kleids sitzt zu hoch, die Knie gucken vor, dabei ist sie bestimmt schon dreizehn. Judy kauft sich drei Portionen

Schlagcreme, rosa, grün, gelb, – Frieden im Magen. Dann überfällt sie ein Schluckauf, und alles ist wie vorher – Hunger!

Margit zählt jeden Abend ihr Geld. Einmal fehlt was, sie verdächtigt Judy, die schwört, kein Geld genommen zu haben. Margit kriegt einen Wutanfall und schreibt auf ein Stück Pappe den Satz »Ich habe meine Mutter bestohlen«. Die Pappe hängt sie ihrem siebenjährigen Kind um den Hals und schickt es auf die Straße.

Ihre Impulsivität brachte sie öfter in Situationen, die sie später nicht mehr wahrhaben wollte. Es war nicht allein ihr wildes Temperament, sondern der faschistische Alltag, der sie geprägt hatte. »Ich habe mein Vaterland verraten« stand auf den Schildern, die man Deserteuren in den letzten Tagen des Krieges um den Hals band, bevor man sie erhängte, am Königstor, am Bahnhof Friedrichstraße, in der Frankfurter Allee. Judy aber hatte nicht ihr Vaterland verraten, sie hatte gar keins, sie hatte nur die Mutter, und die hatte sie nicht bestohlen. Margit holte ihr Kind von der Straße zurück.

Einmal brachte Margit ihrem Kind ein Bild mit, eine Zeichnung unter Glas, ein Mädchen in einem roten Kleid, das einen Spatz in der Hand hält, darunter stand: »Vöglein, flieg in die Welt hinaus«. Ringsum war Sommer. Das Kind auf dem Bild hatte ein Gesicht aus Friedenszeiten, rund und gesund, anders als das dünne Geschöpf im Bett, dem die Mutter öfter sagte, es sehe aus wie Braunbier mit Spucke. Wenn sie zu Besuch gingen, verabreichte Margit ihrer kleinen Tochter kurz vor dem Klingeln an der fremden Wohnungstür ein paar Ohrfeigen, damit sie rosiger aussah. Das Bild mit dem Mädchen im roten Kleid besitzt

Judy heute noch, es hängt in der Küche und erinnert an unvergessene Zeiten.

Zu Weihnachten wurde das kleine Zimmer geheizt. Judy durfte aufstehen und auf die Bescherung warten. Als sich die Tür öffnete, dachte sie, dies wäre das Paradies, darauf war sie nicht vorbereitet. Neben dem Tannenbaum stand ein richtiger Puppenwagen mit einer richtigen Puppe drin. Nicht aus Lumpen und Lappen, sondern mit Armen und Beinen aus Porzellan. Mit richtigen Augen, Schlafaugen sagte man damals. Daneben ein Waschbrett, graublau, mit Holzrahmen, für die Puppenwäsche.

Judy war starr vor Glück, die Geschenke machten sie sprachlos. Weinend schob sie den ganzen Weihnachtsabend lang den Puppenwagen durch das Zimmer. Die Erwachsenen aßen ein richtiges Essen, Kaninchenbraten mit Salzkartoffeln, Judy konnte nichts essen, die Freude war zu groß.

Tagelang spielte sie selig mit Puppe und Wagen und begann langsam zu begreifen, dass die Dinge ihr wirklich gehörten.

Zwei Wochen später – Judy fuhr gerade ihre Puppe spazieren – erklärte die Mutter ihrem Kind, dass es alles wieder hergeben müsse, die Puppe, den Wagen und das Waschbrett. Die Familie habe nichts zu essen, deshalb müsse sie zu den Bauern fahren und den Puppenwagen samt Schlafaugenpuppe gegen einen Sack Kartoffeln eintauschen. Judy leistete keinen Widerstand, sie war nicht einmal besonders traurig.

Eine Art Glück

Heute war der glücklichste Tag. Ich war bei Herrn Sperrling. Ich bin nicht mehr Nazi. Ich bin so froh. Mit Kuzi dann zum Lucas tanzen. Herrlich war es. (Brigitte Eicke, 18 Jahre, Steno-Tagebuch vom 14. Juli 1945)

Margit geht jeden zweiten Abend mit vier Kohlen in der Handtasche ins Deutsche Theater, das ist die halbe Eintrittskarte, mit den Kohlen der Zuschauer wird das Theater geheizt. Sie sieht sich »Nathan der Weise« an und »Faust« und dreimal hintereinander den DEFA-Film »Die Mörder sind unter uns«. Auf einer Hamstertour im Zug nach Kötzschenbroda lernt sie Günter kennen, wissenschaftlicher Assistent an der Humboldt-Universität; er begleitet sie ins Theater, und sie fangen an, sich zu lieben.

In Tanzlokalen, die sich hinter Ruinen verbergen, »die Ruine lebt in uns und wir in ihr«, wird das Leben gefeiert, die Liebe und die Jugend. Die fassungslose Freude, überlebt zu haben, lässt die vollen kleinen Tanzflächen zu dampfenden Traumschiffen werden, ein Gemisch aus Sehnsucht, Swing und Begehrlichkeit schiebt sich durch die improvisierten Ruinenklubs, Nebel aus Rauchschwaden von Ami, Stella und Orient taucht die Szenerie in etwas unwirklich Weiches, das sich über die wilde Vitalität breitet.

»Jetzt ist unser Gesang der Jazz. Der erregte, hektische Jazz ist unsere Musik ...«, schreibt der kranke, junge Heimkehrer und Schriftsteller Wolfgang Borchert, Jahrgang 21. Es ist der Jahrgang der »betrogenen Generation«, der auch Margit und Willi angehörten. Borchert: »Denn unser Herz und unser Hirn haben denselben heißkalten Rhythmus: den erregten, verrückten und hektischen, den hemmungslosen. Und unsere Mädchen, die haben denselben hitzigen Puls in den Händen und Hüften. Und ihr Lachen ist heiser und brüchig und klarinettenhart. Und ihr Haar, das knistert wie Phosphor. Das brennt. Und ihr Herz, das geht in Synkopen, wehmütig wild. Sentimental. So sind unsere Mädchen: wie Jazz.«

Hörst du, Mama? Es war deine Zeit, deine kurze Zeit aus Jugend und Traum. Sieh dir den Mann an, den da, gleich vorn an der Tanzfläche! Er gefällt dir, aber du durchschaust ihn: ein Kriegsgewinnler. Du siehst ihm in die Augen und denkst dir dein Teil: Guck nicht so, du Beau. So siegessicher und frontal, der Krieg ist aus. Die Schlachten finden jetzt woanders statt, man sieht dir an, dass du das weißt, du einziger Mann unter tausend Frauen, du sitzt schon wieder da wie in Friedenszeiten, mit dicker Zigarre und Siegermiene. Die anderen sind hinüber oder in Russland in Gefangenschaft. Mal ehrlich, du gehörst doch zu der Blonden an deinem Tisch. Hast dich aber so hingesetzt, dass es aussieht, als wärest du für alle da, all die einsamen Tänzerinnen mit den sehnsüchtigen Augen und den groben Reißverschlüssen. Nur nicht aus Liebe weinen.

Da sie niemals die angeborene Gegend verließ, stößt Judy immer wieder auf das Haus Immanuelkirchstraße, und sie riecht das künstliche Pfefferminzaroma der Fondants, die ihre Mutter dort verschlungen hatte, rosa und hellgrün waren sie. Judy steht vor dem Haus und starrt von der anderen Straßenseite hoch zum Erker im dritten Stock. Durch das Fenster sieht sie Margits Profil wie einen Scherenschnitt, sie hat ihre gelockten Haare mit zwei Perlmuttkämmchen gebändigt und schiebt sich die Fondants, einen nach dem anderen, mit glücklicher Gier in den Mund.

Es ist sechs Uhr am Abend, die Glocken der Immanuelkirche läuten so laut und bestimmend, als hätten sie noch die Autorität von einst.

Judy geht hinüber zur Hausnummer 27 und drückt die Klinke der schmalen Tür mit dem hölzernen Schmuck herunter, den sie schmiedeeisern in Erinnerung hat; sie fühlt wieder die Geborgenheit, nach der sie ihr Leben lang gesucht und die sie manchmal auch gefunden hat.

Eines Tages kam die Nachricht, dass Judys Vater aus russischer Kriegsgefangenschaft heimkehre. In der Schule schrieben sie gerade einen Aufsatz zum Thema: »Ich kam nach Hause, und auf dem Küchentisch lag ein Brief ...« Zu diesem Satz sollten die Zweitklässler eine Geschichte erfinden. Judy schrieb eine wahre Geschichte auf, sie schrieb, dass ihr Vater heimkehrte. Er hatte Judy zuletzt als Baby gesehen. Sie würden ihn alle am Bahnhof abholen, Judy stellte sich das wie ein Wunder vor: Der Vater und all die anderen Heimkehrer steigen aus dem Zug und suchen ihre Frauen und ihre Kinder, um sie zu küssen und vor Glück zu weinen.

Statt des Wunders geschah die Katastrophe. Zusammen mit der Großmutter holt die siebenjährige Judy den Heimkehrer ab.

Wo ist Margit, fragt Willi fassungslos, wo ist Margit?

Sein Gesicht ist bleich und aufgedunsen. Die Mutter war nicht mitgekommen zum Bahnhof. Sie liebte Günter von der Humboldt-Universität und konnte nicht lügen. Sie war zu jung, um barmherzig zu sein. Außerdem hatte Willi ihr so selten aus der Gefangenschaft geschrieben. Sie wusste nicht, dass die Gefangenen nur zweimal einen Brief mit zwölf Wörtern schreiben durften.

Blasse fremde Kinderlippen statt des vertrauten und ersehnten Frauenmundes – vielleicht hatte Willis Absturz hier begonnen, auf dem Schlesischen Bahnhof, wo er ankam und nicht empfangen wurde, jedenfalls nicht von seiner Frau.

Er wird wenig über den Krieg sprechen, sein Schweigen wird sich wie ein Notverband auf die Wunden der Seele legen, ab und an werden Blutflecke durch den Verband leuchten.

Bald nach seiner Rückkehr wohnt der Heimkehrer in der engen Hinterhauswohnung seiner Schwiegereltern, wo sie nun zu fünft hausen: Margit, Judy, Willi, der Großvater Georg und die Großmutter Erna. Das kleine Zimmer mit Balkon zum Hof bewohnen Margit und Willi, hier steht auch die grünseidene Stehlampe vom Schwarzen Markt. Grünes Licht für die Liebe. Hier sollen sie sich einander wieder nähern.

Von sechs Uhr morgens bis sieben Uhr abends war die Knochensäge des Fleischermeisters Machmüller in Betrieb, die blassen Hortensien, die irgendwann auf dem Hof gepflanzt worden waren, um die Bezeichnung Gartenhaus zu rechtfertigen, versuchten, mit dem trostlosen Anblick ihrer ausgebluteten Farben Trost zu spenden. Judy mochte Hortensien nicht, sie mag sie bis heute nicht.

Wenn Judy aus der Schule kam, schallten die Stimmen ihrer Familie aus dem offenen Küchenfenster im zweiten Stock vom Gartenhaus. Sozialismus oder Freiheit. Meinungen, Thesen, Widersprüche. Ost, West. Schicksal. Die Onkel Robert, Roger und Rudolf aus Neukölln, die drei Brüder der Großmutter, brachten einen Schuss Anarchie ins kleinbürgerliche Milieu, sie waren Anhänger von Erich Mühsam.

»War einmal ein Revoluzzer, im Zivilstand Lampenputzer«, sang Onkel Rudi seinen Mühsam, der sowohl Anarchist als auch Kommunist gewesen war, wie Rudolf auch. Sein Schwager Georg, also Judys Großvater, war Sozialdemokrat, was ihn nicht davon abhielt, aus der Wohnung seines kommunistischen Schwagers belastendes Material zu holen, als der von den Nazis verhaftet wurde, selbstverständlich. So selbstverständlich, wie er die SA-Uniform, die man ihm 1933 in einem Paket geschickt hatte, postwendend zurückgehen ließ.

»Berliner Arbeiterleben um 1900« hieß Ende der Achtzigerjahre eine Ausstellung in der Husemannstraße am Kollwitzplatz.

1900 war Erna, Judys Großmutter, vier Jahre alt. Sie wuchs auf in der Melchiorstraße und wurde Porzellanverkäuferin bei Tietz am Alexanderplatz. Sie heiratete Georg, einen stillvergnügten Mann aus Breslau, der durch seine dichterische Begabung aufwog, dass er ein Stück kleiner war als Erna. Mit Margit, ihrem Kind, und alleinstehender Schwiegermutter, einer Schirmmacherin, wohnten sie in der Lippehner Straße, Seitenflügel, vier Treppen. Zimmer, Küche, Korridor, Innentoilette.

Die Ausstellung zeigte Zeugen des Alltags Berliner Industriearbeiter. Gebrauchte Gegenstände, in der Küche ein Ausguss, in den kaltes Wasser floss. Eine abgenutzte alte Aktentasche, ein dickes gepresstes Likörglas und im Hausflur ein Stiller Portier, auf dem die Namen der Bewohner des Seitenflügels verzeichnet waren.

Die Schwelle zwischen Museum und Leben war sanft. Für Judy ist diese Welt nicht entschwunden, die Gegenstände sind ihr nicht fremd, sie hat das Museum in ihrer Biographie.

In so einer Küche, wie sie für »die Wohnung einer Industriearbeiterfamilie um 1900« eingerichtet wurde, hat Judy doch eben noch auf dem Schemel gesessen und ihrer Großmutter beim Spinatputzen geholfen und hat sich hinterher die Hände über dem Ausguss mit kaltem Wasser gewaschen.

Warum rühren uns die Gegenstände des alltäglichen Gebrauchs gerade dann, wenn sie nicht mehr gebraucht werden? Ihr Gebrauchswert verwandelt sich in Gefühlswert, und der steigt mit jedem Jahr, das vergeht.

Wie anheimelnd, sagten die Besucher, wenn sie das Plüschsofa sahen mit der gerahmten Stickerei an der Wand: »Völker hört die Signale!« Es ist das Stück Leben, das ihnen anhaftet, es ist die Aura von Unwiederbringlichkeit. Jemand, den es nicht mehr gibt, hat auf dieser Bettstelle geschlafen, hat sich in dieser Blechschüssel gewaschen.

Der Großvater und die Prinzessin

Man weiß selten, was Glück ist, aber man weiß meistens, was Glück war. (Françoise Sagan)

Nach dem Krieg wurde Georg so schnell wie möglich Mitglied der SED: »Brüder, in eins nun die Hände!« Er lobte die Einheitspartei und verbot seiner Familie, RIAS zu hören, den Rundfunk im amerikanischen Sektor. Mit Ausnahme der in Ost und West populären Sendung »Der Insulaner«: »Der Insulaner verliert die Ruhe nicht, der Insulaner liebt keen Jetue nich, der Insulaner hofft unbeirrt, dass seine Insel wieder 'n schönet Festland wird.« Mit Professor Quatschnie aus der Sowjetunion und Jenosse Funzionär, dem Phrasendrescher aus dem Osten. »Sehnse, das is Berlin, die Stadt, die sich jewaschen hat, sehnse, das is Berlin.«

Die Kabarettsendung lief von 1948 bis 1961, eine lokalpatriotische Einlassung mitten im Kalten Krieg und durchaus komisch, alle lachten, der Großvater am meisten.

Georg, den seine Freunde Schorsch nannten, war ein gemütlicher Mensch. Das Einzige, was ihn aus der Fassung brachte: wenn eine Glühbirne kaputtging. Dass eine Sache ein schlechtes Ende nehmen konnte, widersprach zu frech seinem grenzenlosen Optimismus. Der Krieg hatte schließlich auch ein gutes Ende gefunden. Der Großvater nannte Judy immer noch Prinzessin, eine Prinzessin ganz ohne Glanz ist sie gewesen.

Mit Opa Schorsch hatte alles angefangen. Er spendierte Judy die erste Eiswaffel ihres Lebens. Er erklärte ihr die Ungerechtigkeit der Wechselstuben und die Irrtümer des 17. Juni. Er ging mit ihr ins Metropoltheater, in den Circus Barlay und ins Deutsche Theater; Goethes »Faust« anzusehen, war seiner Meinung nach eine moralische Pflicht in einer unmoralischen Zeit.

Vom Großvater bekam Judy das Geld für die erste Wimperntusche. Er hat den ersten Streuselkuchen in ihrem Leben gebacken, wobei er sang: »Ganz ohne Weiber geht die Chose nicht.« Kuchen und Operette gehörten für ihn zusammen.

Je erwachsener Judy wurde, desto kindlicher wurde in ihrer Erinnerung der Großvater. Die unbedingte Zuversicht, die Freude über kleinste Dinge, die Schlichtheit seiner Argumente, sein chaplinesker Gang und das Jackett, das über den Hüften spannte, wenn er es zuknöpfte. Und seine Hose, die er beim Schlafengehen ordentlich über einen Stuhl hängte. Über Nacht fiel das Kleingeld aus den Hosentaschen, Judy sammelte es am nächsten Morgen auf und behielt es für sich, eine stille Übereinkunft zwischen Großvater und Prinzessin.

Vor dem Schlafen legte Opa, gottergeben wie ein Kind, beide Hände unter die linke Wange; im Ersten Weltkrieg, so meinte er, nannte man das Schützengrabenposition.

Judy fand, dass Opa wie Wilhelm Pieck aussah, denn sie hatte als Junger Pionier bei einer Veranstaltung im Friedrichstadtpalast eine Reihe vor Präsident Pieck gesessen und sich öfter nach ihm umgesehen, sie konnte die Ähnlichkeit also beurteilen.

Manchmal nahm Tante Ella an der Küchenfensterrunde teil, Omas Schwester. Sie hatte eine mongolisch aussehende Tochter, die wiederum mongolisch aussehende Zwillinge gebar – wie kam Tante Ella zu dieser Tochter und die Tochter zu den Zwillingen? Das zum Beispiel wurde nie besprochen in der Küchenfensterrunde.

Ich habe vorhin den Gladow gesehen, sagte Judy, den von der Gladow-Bande, der hatte einen Anzug an und einen weißen Schlips um. Da war noch 'n anderer dabei, auch mit Anzug und weißem Schlips, ich bin schnell weitergegangen, die haben doch immer was Schlimmes vor.

Die wollen Berlin zu einem zweiten Chicago machen, warf der Großvater ein, neulich haben sie einen Juwelier überfallen und davor zwei Volkspolizisten entwaffnet, hoffentlich schnappen sie die Bengel bald.

Der Gladow hat keine Schuld, widersprach Onkel Robert, der Krieg ist schuld, dass es solche jungen Menschen gibt, den Gladow haben sie noch in die Schlacht um Berlin geschmissen, da war der erst vierzehn, was soll aus solchen Jungs werden, woher sollen die Respekt vor dem Leben anderer haben, es hatte doch auch keiner Respekt vor ihrem Leben.

Das ist kein unschuldiger junger Mann, das ist ein Bandit, sagte die Großmutter, den Ersten hat er schon ermordet.

Der wird Doktorchen genannt, wusste Margit, der war sogar auf der Oberschule.

Ich will nicht auf eine Oberschule, wenn dann so was aus mir wird, sagte Judy.

Der Gladow liest die Memoiren von Al Capone, der studiert so was wie Verbrecherwissenschaft, um an Geld zu kommen, bemerkte Margit mit einer gewissen Hochachtung.

Na, hör mal, sagte Willi, was soll denn das für eine Welt werden, in der sich der Einzelne auf diese Weise hervortut, der Gladow soll sein Unwesen im Westsektor treiben, bei uns hat der nichts zu suchen.

Der wohnt bei seinen Eltern im Ostsektor, habe ich gelesen, sagte Judy, das stand im »Nachtexpress«.

Die Eule ist frühreif, bemerkte Willi.

Er brachte die futuristischen Pläne der großen Sowjetunion zur Sprache, immerhin war er etliche Jahre in russischer Kriegsgefangenschaft gewesen und hatte dort einiges über den Kommunismus gelernt, sein russischer Sprachschatz allerdings beschränkt sich auf Flüche. Zum Beispiel Jub twoju mat! – Ich ficke deine Mutter! Das findet sich schon bei Dostojewski und ist bis heute ein beliebter Fluch unter russischen Intellektuellen.

Margit verschwindet mit Willi ins Balkonzimmer, wo sie aus einem Topf mit gelben Primeln Blumenerde in die Nase zieht, sie ist wild nach Erde. Sie schnüffelt oft, ein Tick, Vitaminmangel vielleicht. Wenn es kurz mal still war in der Küche, hörte man, dass Margit und Willi nebenan stritten und dass öfter der Name Günter fiel, der Name des »anderen Mannes«. Schließlich gingen die beiden unglücklich Verheirateten ins Café Lucas an der Ecke, wo sie sich zwei Lucky Strike leisteten, die der Kellner unter dem Buffet hervorkramte, an der Bar teilten sie sich einen Kaffeelikör. Danach gingen sie wieder nach oben und setzten den Streit in ihrem Zimmer fort, es fiel immer noch und immer wieder der Name Günter.

Ach, seufzte Tante Ella und musste aufstoßen, das Leben ist schwer, besonders für die Jugend – sie musste gleich noch mal aufstoßen.

Lass das, Ella, sagte Erna zu ihrer Schwester.

In eben diesem Moment konnte man aus dem Zimmer nebenan Marlene Dietrich singen hören: »Peter, Peter, komm zu mir zurück ...« Margit nannte ihren Mann schon lange Peter, weil sie den Namen Willi altmodisch fand: »Peter, Peter, ich war so gemein / später, später sieht man erst alles ein ...« Das Grammofon hatte Margit auf dem Schwarzen Markt organisiert, ein Liebesbeweis für ihren Mann.

Im März 1950 schickte Cousin Berthold aus Hannover einen Brief an Willi: »Hoffentlich gehst Du den richtigen Weg. Lebt wie Hund und Katze zusammen, macht Euch beide das Leben schwer. Also, Willi, ziehe einen Schlussstrich und baue ein besseres Leben. Es gibt doch immer nur zwei Möglichkeiten. Entweder Ihr gehört zusammen oder Ihr geht auseinander. Warum noch zögern, fasse einen Entschluss, Du Trottel!«

Margit beschloss, ihre Ehe zu retten, sie wollte treu sein, ein guter Kamerad. Willi, ihre Jugendliebe, wollte das auch. Beide wollten das. Bis dass der Tod euch scheidet.

Böser an Süße

Der Unwissende hat Mut, der Wissende hat Angst.
(Alberto Moravia)

Briefe, gefunden nach beinahe siebzig Jahren, einem ganzen Menschenleben. Auf bleichem Papier, fast zerfallen, hilflos in ihrer Vergänglichkeit, trostlos in ihrer Vergeblichkeit, diese Liebe zu retten. Judy lernte ihren Vater, den sie kaum kannte, durch die Briefe kennen und veränderte ihre Sicht, was die Ehe der Eltern anging. Da ist Willi schon ein halbes Jahrhundert lang tot.

Briefe, verfasst mit abgenutztem Bleistift, geschrieben auf einfaches Papier in linierten Schulheften. In Sütterlin-Schrift, die Judy aus den Nesthäkchen-Bänden kannte, sie lernte lesen, bevor sie eingeschult wurde. So kam es, dass sie die Sütterlin-Briefe ihres Vaters siebzig Jahre später überhaupt entziffern konnte.

Briefe von Willi an Margit. Da ging es immer um Geld und immer um Liebe. Es ging um Mangel an Geld und um Mangel an Liebe. Es ging um die Sehnsucht nach einem besseren Leben und um die Sehnsucht nach Margit. Willi schrieb oft, Margit selten. Er bettelte geradezu um ihre Post, um ihre Liebe. Und um Geld für Zigaretten. Geschrieben wurden die Briefe während diverser Kur- und Erholungsaufenthalte in Friedrichroda, Bad Liebenstein,

Wernigerode und an etlichen anderen Orten Deutschlands. Geschrieben während häufiger Fortbildungslehrgänge in Landesverwaltungsschulen, Parteischulen in Brandenburg und anderswo. Sie dokumentieren Verzweiflung, Einsamkeit, Eifersucht und Hilflosigkeit.

Willi arbeitete, unterbrochen von Depressionen, Malaria und anderen Kriegsfolgen, bei der Deutschen Wirtschaftskommission, wo ihm ein schneller Aufstieg gelang. Margit war Verkaufsstellenleiterin in einem Wäschegeschäft in der Friedrichstraße. Damenwäsche, Korsetts, Hüfthalter. Sie bildete Lehrlinge aus und passte Büstenhalter an, aber sie wollte mehr. Das Geld reichte nie. Auch weil Margit es ausgab, ohne viel nachzudenken.

Willi war der kommende junge Mann, die Hoffnung der älteren Vorgesetzten, Liebling der Sekretärinnen, zumal er gut aussah, wie Margit immer wieder betonte.

Von den Sekretärinnen gibt es ein Foto. Drei junge Frauen, die sich lachend auf die Schultern ihres jungen Chefs stützen, der am Schreibtisch sitzt, während sie stehen. Willi ist da siebenundzwanzig. Eine der drei, Erika mit der Hochsteckfrisur, hat ihm einen Brief ins Erholungsheim geschrieben. Sie macht sich Sorgen um ihren traurigen Kollegen, der so lustig sein kann.

BERLIN, DEN 13. OKTOBER 1948

Liebwerter Kollege Will,
wie mir Pichmännchen sagte, wärst Du am Telefon missvergnügt gewesen. Nun sage bloß mal, was ist mit Dir eigentlich los? Du müsstest doch die allerbeste Laune haben, denn stell Dir mal vor, Du bist

laut Stellenplan jetzt Oberinspektor, also ein ziemlich hoher Posten, der Dir für Deine Jugend noch gar nicht zusteht. Du hast in den letzten Tagen hier in Berlin sehr viel versäumt. Erst einmal die Kundgebung im Lustgarten, die war wirklich einmalig, so etwas gibt es so schnell nicht wieder und vor allen Dingen die Fackeln. Du musst Dir Tausende von FDJlern vorstellen, die mit den Fahnen der FDJ und des Weltjugendbundes abends in der Dunkelheit die Linden lang marschieren, es sah so feierlich aus ...

Also, werde schnell wieder gesund und denke daran, dass die Deutsche Wirtschaftskommission ohne Dich eingeht. Vor allen Dingen setze Dir nicht die Flausen in den Kopf von wegen nicht wiederkommen und so. Du musst dabei auch an mich denken, ich gehe ja glattweg ein, wenn ich Dich nicht mehr sehe.

Herzliche Grüße
von Deiner Kollegin Erika

Willi versucht, sich von seinen Depressionen zu befreien. Er muss es schaffen, er muss Fuß fassen, muss optimistisch in die Zukunft sehen. Die Arbeit macht ihm Spaß. Er stellt was dar, obwohl er noch jung ist, eine Gehaltserhöhung steht bevor, eine Beförderung. Er lernt die Leipziger Mustermesse kennen, man hat ihm ein eigenes Büro im Parkhotel am Hauptbahnhof eingerichtet.

Margit wird ihn eines Tages lieben wie früher, Willi ist sich dessen sicher, sie wird wieder Respekt vor ihm haben und Sehnsucht nach seiner Liebe und Zärtlichkeit. Sie werden es schaffen, sich ein neues Leben aufzubauen.

Doch da ist sein Gewissen. Er war im Regiment Hitlerjugend, ein SS-Mann ist er gewesen, neunzehn Jahre alt. Das machte ihn still, immer stiller, bis er wochenlang ganz verstummte. Er wagte nicht, darüber zu sprechen, sondern versuchte, es zu vergessen. Wenn er Alkohol trank, entspannte sich sein Gesicht. Er lächelte vor sich hin, seine Züge wurden sanftmütig, ohne jede Spur von Aggressivität; wenn er Witze erzählte, waren sie fast immer harmlos und kindlich.

Willi hatte Angst, er lebte schließlich in einem antifaschistischen Staat, er traute sich nicht, sich selber aufzudecken. Er fürchtete, dass sein Leben im neuen Deutschland gefährdet wäre, wenn seine Vergangenheit ruchbar würde. Hat er getötet, hat er Kriegsverbrechen begangen? Oder reichte allein die Scham, um sein Leben zu zerstören?

Judy weiß nur, dass er ihr Vater ist. Was hat er wann und wo getan? Oder nicht getan? Judy weiß es nicht. Wer hat ihn am Ende in die Waffen-SS gezwungen, warum hat er das mit sich machen lassen? Judy weiß es nicht, er sagte nichts. Die Scham verließ ihn sein Leben lang nicht. Und auch nicht die Angst.

LEIPZIG, DEN 7. MÄRZ 1950

Liebe Margit!
Am Sonnabendmittag bin ich in Leipzig eingetroffen. Hier ist toll was los, wirklich sehenswert. Gestern war Ministerpräsident Otto Grotewohl da, um sich die Mustermesse anzusehen. Was Dich vielleicht interessieren würde, wäre die Textil- und Bekleidungsmesse, so mancher war entzückt von den

dort ausgestellten Modeneuheiten. Ich habe die Aufgabe, mir hier alles anzusehen, vor allen Dingen die Hallen der Sowjetunion. Leider ist es so, dass die Feierlichkeiten erst in der zweiten Hälfte der Woche stattfinden. Die muss ich mir leider entgehen lassen, da ich Mittwoch wieder nach Berlin muss.

Hier herrscht eine großzügige Atmosphäre. Wenn man sich die Geschäftsleute ansieht, merkt man, was für ein armer Schlucker man ist. Leipzig ist fast zu klein für die vielen eleganten Autos und die vielen Menschen. Sei mir bitte nicht böse, wenn ich nichts mitbringen kann, Du weißt ja, das liebe Geld.

Tagsüber habe ich im Parkhotel ein Dienstzimmer, sämtliche Zimmer des Hotels sind eigens für unser Ministerium als Arbeitszimmer reserviert.

Hat sich Dein Ärger im Geschäft wieder gelegt? Du wirst es schon schaffen, liebe Margit, wenn Du erst Geschäftsführerin bist, geht es Dir besser. Wir müssen endlich aus dieser finanziellen Kalamität herauskommen, damit wir wie Menschen leben können. Mein Anzug ist schon ganz zerknittert. Es ist zum Kotzen, wenn man nur den einen hat. Es gibt wahrhaftig interessantere Dinge auf der Welt als die ewige Sorge um den Lebensunterhalt.

Wir werden es schon schaffen, aus dem jetzigen Niveau in ein besseres zu kommen. Übrigens werde ich demnächst versuchen, über unser Ministerium eine Wohnung zu kriegen.

Dein Willi
Grüße bitte unser Frl. Tochter von mir.

PS: Du wirst sicher in der Zeitung gelesen haben, dass im Mai eine Handelsdelegation nach Peking fährt. Also, Püppi, Du musst mir die chinesische Sprache beibringen, damit ich nach China fahren kann. Schön wärs ja!!!

Willi versuchte, Normalität zu leben und zu erleben. Er versuchte, so zu tun, als wäre nichts gewesen. Keine Flak, kein Krieg, kein englischer Pilot, der Sid hieß und am Vortag seiner Hochzeit vom Himmel gefallen war. Willi wollte leben und arbeiten wie ein normaler Mensch. Er wollte Geld verdienen, und zwar so viel, dass er sich einen zweiten Anzug kaufen konnte und vielleicht auch einen warmen Wintermantel, er wollte feiern und fröhlich sein und Urlaub an der Ostsee machen. Und Margit sollte ihn lieben wie früher.

Judy hat ihren Enkel gebeten, für eine Stunde Willi zu sein, ihr ferner, toter Vater, Davids Urgroßvater, der schweigsame Heimkehrer.

Sie haben sich bei »Willy Bresch«, getroffen, eine von Willis Stammkneipen, die nach einem halben Jahrhundert noch an Ort und Stelle ist. Großes Ecklokal mit langer Theke, blau karierte Tischdecken, sanfte Besäufnisse. Greifswalder, Ecke Danziger Straße.

David ist achtzehn, so alt wie Judys Vater war, als er gegen seinen Willen am Krieg teilnahm. David spielt den Vater, er umarmt Judy, das hat der wirkliche Willi nie getan; er traute sich nicht.

Judy hat ein Foto von ihrem Vater dabei, ein Achtzehnjähriger mit hellen Augen in Luftwaffenhelferuniform.

David sieht lange auf das Foto und legt es langsam auf den Tisch zurück.

Hast du der anderen Frau mehr aus dem Krieg erzählt als Mama?, fragt Judy ihren Vater, also ihren Enkel.

Ja, sagt David als Willi, es war leichter, sie wusste nichts von mir, von der Waffen-SS musste ich ihr nichts sagen.

Mama hat es mir erzählt, sagt Judy, sie hat es mir erst spät erzählt. Warum nur hast du dich dazu drängen lassen, Papa?

Ich fühlte mich so nutzlos, sagt David/Willi, mir war alles egal. Es war auch eine erzieherische Maßnahme der Vorgesetzten, sie spürten meinen Widerwillen, meinen gehorsamen Widerwillen. Ich habe mich am Ende sogar freiwillig an die russische Front gemeldet. Als es losgehen sollte, waren die Russen aber schon in Frankfurt an der Oder. Ich wusste nicht mehr, wer ich war. Das begriff ich erst, nachdem ich vier Jahre in russischer Gefangenschaft gewesen war. Als ich heimkehrte, habe ich mir mein Leben wieder zusammengesucht. Das ist mir nicht gelungen. Der Alkohol war mein Retter, mein Kamerad, mein Henker.

Ich kenne dich doch, sagt die Serviererin zu David, als sie ihm das dritte Bier hinstellt. David lacht: Ich war ja auch schon ein paarmal mit meinen Kumpels hier.

Danke, David, dass du Willi spielst, sagt Judy.

Und David sagt: Ich denke gerade an meinen Vater, der flüchtete in den Neunzigern vor dem Krieg in Bosnien nach Deutschland, der hat nie ein Wort darüber verloren, was er im Krieg erlebt hat. Mein Vater ist genauso schweigsam wie deiner war.

Hättest du gedacht, Papa, dass du schon mit siebenundvierzig stirbst?, fragt Judy ihren Enkel.

Ich habe es geahnt. Ich hatte das Interesse an mir verloren, ich war mir selber fremd.

Warum bist du rot geworden, Papa, als wir uns zufällig mal auf der Straße trafen, fragte Judy, da hast du schon lange nicht mehr zu Hause gewohnt, du wurdest rot, warum?

Es war mir peinlich, sagt David/Willi, dass meine Tochter mich so sieht. Ich war schon ganz unten, Beifahrer eines Bierfahrers am Ende, davor Vertreter für Filzpantoffeln. Dabei bin ich doch Außenhandelskaufmann gewesen, fast Minister.

Eine Umarmung zum Abschied. Auf Wiedersehen, Eulchen, das war der Kosename des Vaters für Judy, benannt nach seiner zweiten Stammkneipe, die »Zur Eule« hieß. Judy denkt wie schon öfter, dass sie nicht ihren Enkel, sondern ihren Vater umarmt, dünner Junge mit breiten Schultern.

Willi wurde um sein Leben betrogen. David soll sein Leben behalten dürfen.

Hast Du etwas Sehnsucht nach mir?

Liebe ist eine Komposition, bei der die Pausen genauso wichtig sind wie die Musik. (Senta Berger)

Den aufsteigenden Außenhandelskaufmann hatten Dienstreisen nach Milano, Brüssel, Kairo, Paris und Rom geführt. Aus Paris schickte er eine Ansichtskarte mit dem Eiffelturm: »Moulin Rouge kann sich unsereins nicht leisten. Kuss, Willi«

Aus Zürich brachte er für Judy eine echte Schweizer Uhr mit, eine mit vierzehn Steinen, das Armband war aus Eloxal. Und eine Tafel Schweizer Schokolade, auf der Verpackung eine Zeichnung: Kühe, Berge und ein blauer Himmel. Für Margit hatte Willi weiße Seide mit geometrischen Mustern gekauft.

Seine Postkarte vom Lago Maggiore hängte Judy an die Wand neben ihrem Bett. Nach dem Ende der Deutschen Demokratischen Republik, also vierzig Jahre später, wird die Fahrt an den Lago Maggiore eine ihrer ersten Reisen in die weite Welt sein. Lass uns träumen am Lago Maggiore.

MILANO, 10. APRIL 1955

Meine liebe Margit,
der Flug über die Alpen bei klarem Wetter war herrlich. Mailand ist eine sehr lebhafte Stadt. Hier ist ein so starker Autoverkehr, wie wir ihn in Berlin nicht kennen. In Italien wird zu jedem Essen Wein getrunken, und hinterher gibt es Käse oder Früchte. Freizeit haben wir so gut wie nicht. Wenn es hochkommt, gehen wir abends noch ein Eis essen. Hier gibt es enorm viele Kaffeebars, der Espresso ist fünfmal so stark wie der, den wir gewöhnt sind, aber relativ billig. Obwohl Italien das Land der Musik ist, gibt es kaum Lokale mit Musik, geschweige denn Tanzlokale, öffentlich tanzen wie bei uns gibt es nicht ... Wenn ich ehrlich sein soll, habe ich jetzt genug von hier, ich werde zufrieden sein, wenn die Messe vorbei ist.

 Hast Du etwas Sehnsucht nach mir? Das Alleinsein ist nicht schön, stimmts?

Dein Willi

Willi schraubt seine Ansprüche an die Liebe seiner Frau herab: »Hast Du etwas Sehnsucht nach mir?« Etwas Sehnsucht – er glaubt nicht mehr an das große Glück, er ersehnt es: Etwas Sehnsucht, damit würde er sich schon zufriedengeben, wenn Margit etwas Sehnsucht nach ihm hätte.

Von seinem Ministerium bekam er das Angebot, für drei Jahre in ein arabisches Land zu gehen, mit Frau und Kind, Margit wollte nicht, also ging auch Willi nicht. Seine Karriere begann zu stocken, weil er sich weigerte, ein weiteres Fernstudium aufzunehmen. Nicht, weil er zu bequem war, sondern weil er während der häufigen Lehrgänge wie ein Schuljunge behandelt worden war und nicht wie ein Genosse. Das kränkte ihn. Unter den alten Briefen fand sich seine dreiseitige »Stellungnahme« nach einem sechs Monate währenden Lehrgang in Mecklenburg. Sie waren neunzig Schüler, alle aus den Dörfern und Städtchen Mecklenburgs, nur drei aus Berlin, die man die flotten Berliner nannte, alle so Ende zwanzig. Die Vorwürfe des Genossen Schulz, 1. Sekretär der SED-Schulgruppe, gegen den »Schüler« Willi N. zogen einen Verweis wegen »Allüren eines Lebemanns« nach sich.

Was war passiert? Sechs der Schüler suchten wie öfter am Sonnabend ein Lokal im Ort auf, tranken Bier, hörten Musik, tanzten ein bisschen und blieben bis drei, obwohl sie vor Mitternacht in der Unterkunft zu sein hatten. Zwei Mitschüler hatten dem 1. Sekretär von dem Fehltritt berichtet, daraufhin wurde eine Versammlung der SED-Schulgruppe einberufen und Meldung an die Arbeitsstellen erstattet. »Allüren eines Lebemanns« – Willi wäre gern ein »Lebemann« gewesen. Er hätte gern gelacht, getanzt. Und gelebt.

BAD LIEBENSTEIN, DEN 5. JULI 1952

Püppi, ich muss immer daran denken, dass Du nicht auf dem Bahnhof warst, als ich aus der Gefangenschaft zurückkam. Sofort kommt mir der Gedanke »Liebt sie mich überhaupt? Oder führt sie diese Ehe nur aus Angst vor dem, was kommt, wenn sie aufgelöst wird?«. So werde ich ständig von meinem

Misstrauen geplagt. Ich finde immer noch eine Frau, die mich liebt, könnte ich sagen, wenn ich Dich nicht lieben würde. Unsere zwölf Jahre, die wirft man nicht so einfach weg. Ich sehne mich ganz furchtbar nach Dir.

Tausend heiße Küsse überall sendet Dir
Dein Mann

Zu den zwölf Jahren, die er nicht so einfach wegwerfen will, zählt Willi die zehn Jahre Krieg und Gefangenschaft als Ehe-Jahre, obwohl sie doch getrennt voneinander lebten. Die Kriegsjahre existieren nicht in seinem persönlichen Leben, in seinem Dasein als Individuum existieren nur Margit, seine Frau, und Judy, sein Kind.

Warum war Margit so gleichgültig, warum schrieb sie ihm so selten? Sie wusste nicht, ob sie Willi noch liebte. Sie war ratlos, überfordert von ihren Gefühlen. Es war eine abstrakte Liebe, ein Mädchen und ein junger Mann hatten mitten im Krieg geschworen, sich auf ewig zu lieben, sie kannten einander nicht, und sie lernten sich auch nicht kennen. Willi war acht Jahre im Krieg.

Als er aus russischer Gefangenschaft zurückkam, mussten sie ranschaffen, anschaffen, ihr Leben aufbauen. Sie waren sehr verschieden. Willi intelligent, pedantisch, witzig und melancholisch, Margit impulsiv, romantisch und aufbrausend, sie verpasste Judy gelegentlich eine Ohrfeige und schlug sie ab und an auch mal mit einem Bügel oder mit dem Teppichklopfer, was sie sofort bereute. Sie las Romane und schrieb Gedichte. An Schläge von ihrem Vater kann Judy sich nicht erinnern; der schrieb aber auch keine Gedichte.

BAD LIEBENSTEIN, DEN 7. JULI 1952

In der Nacht von gestern zu heute musste ich dauernd an die Zusammentreffen von Dir und G. denken und konnte nicht schlafen. Ich versuchte, alles im Zusammenhang zu sehen, es gelang mir nicht. Beim ersten Mal konnte ich nichts dagegen tun, und Du warst nicht stark genug. Heute ist die Situation eine andere. Ich werde kein Mittel scheuen, G., den Störenfried unserer Ehe, rücksichtslos zur Besinnung zu bringen. Auch gegen Deinen Willen. Ja, Püppi, mit solchen Gedanken plage ich mich als Erholungsuchender herum. Zudem habe ich keinen Pfennig Geld. Nichts zu rauchen. Es ist trostlos.

Gestern habe ich mir ein Herz gefasst und mir von einem älteren Kurgast zehn Mark geliehen, damit ich mir Zigaretten kaufen konnte. Das war mir ziemlich peinlich, weil ich mich mit dem Mann tags zuvor über berufliche Dinge unterhalten hatte, auch von meinem Gehalt war die Rede. Ich habe ihm gesagt, dass ich in Kürze Geld geschickt bekomme.

Wenn Du mir nicht schreibst, liebst Du mich nicht. Ich liebe Dich ganz doll.

Tausend Küsse,
Willi

G., der andere Mann, starb plötzlich an einer Blinddarmentzündung und der darauffolgenden Operation, er war achtundzwanzig Jahre alt. Margit stand nun nicht mehr vor einer andauernden Entscheidung zwischen Günter und Willi, das Schicksal hatte entschieden, und es würde noch einmal entscheiden.

BUCHHOLZMÜHLE, DEN 9. FEBRUAR 1954

Gesundheitlich geht es mir nicht besonders. Ich bin nach wie vor erschreckend unausgeglichen und fast nie in guter Stimmung, manchmal vielleicht äußerlich, aber innerlich nie.

Du bist der einzige Mensch, den ich wirklich liebe und den ich brauche, um existieren zu können. Wenn ich nur nicht so verkrampft wäre und meinen Gefühlen mehr Ausdruck geben könnte, dann wärst auch Du anders zu mir. Es ist ein Fluch, dass die Zeit, die wir füreinander haben, oft so unharmonisch verläuft, mich bedrückt das mehr, als Du glaubst, und doch bin meistens ich daran schuld. Ich stehe auf der einen Seite und Du auf der anderen. Vor allen Dingen muss ich die trüben Gedanken vertreiben, die mich andauernd überfallen. Ich freue mich schon auf das Nach-Hause-Kommen.

Tausend Küsse,
Dein Mann

Er freut sich auf das Nach-Hause-Kommen. Zu Hause aber werden seine Probleme dieselben sein: Verschlossenheit, Stimmungsschwankungen, Streitereien. Entspannung bringt allein der Alkohol. Was er im Krieg erlebt hat, darüber verlor Willi kein Wort. Er teilte, was er erlebt hatte, mit niemandem. Er rettete seine hilflose Seele mit Witzen und verschloss ihre undichten Stellen mit unpersönlicher Heiterkeit. Es kam vor, dass er zwei Wochen lang nicht sprach. Willi flog hoch und fiel tief. Es war wie mit bestimmten Sternen, man glaubt noch an ihre Existenz, weil man sie leuchten sieht, dabei sind sie schon erloschen.

Das Feuergefecht —
Bericht eines blutjungen Soldaten

Nie wieder Krieg. (Käthe Kollwitz)

Wenige Männer berichteten von dem, was sie im Krieg erlebt hatten. Rolf Ludwig, Volksbühnen-Schauspieler mit Kriegstrauma, schwerer Alkoholiker, grandioser Komiker, wütete und weinte sein Leben lang über den Krieg, auf der Bühne und im persönlichen Gespräch. Ludwig war siebzehn, als er Soldat wurde.

»Was wollt ihr denn?, attackiert der Schauspieler den Mann und die Frau von der Zeitung, die ihn 1985 in seiner Garderobe aufsuchen, was wollt ihr denn? Mit mir über Krieg und Frieden reden! Ist ja ein ganz seltenes Thema. Darüber steht ja gar nichts in den Zeitungen, überhaupt nichts, da habt ihr lange nachgedacht, um darauf zu kommen, höhnte er und ballerte los: Ein Feuergefecht, ein Panzerüberfall, und innerhalb von Minuten liegen dreihundert Tote neben dir, das dauert nur drei Minuten. Wochenlang ist es ganz harmlos, die Sonne scheint, man holt seine Verpflegung, hat seine Unterstände, und plötzlich fahren Panzer auf und legen los und die Artillerie, aber so was, und das knallt, nur noch Tote neben dir. Einen wollte ich retten; das Gehirn, die Schädeldecke, alles zerstört, das habe ich nicht gesehen, weil der Kopfschützer hatte.

Der Arzt sagte, hör auf, rumzuschreien, du siehst doch, der stirbt! Aber der lebt doch! Der atmet doch! Helfen Sie! Der Arzt sagte, dass das nur Reflexe wären, Agonie. Aber er lebte doch noch, das Herz machte noch so ... Da zeigte der Arzt mir, dass der gar keine Schädeldecke mehr hatte. Die Wirklichkeit des Krieges ist nicht schilderbar. Ich habe das überlebt, zwei Tage Dauerfeuer, Knall an Knall, nicht eine Minute, zwei Tage! Was soll ich da noch sagen, mehr sag ich nicht. Ich kann nur sagen, dass ich mich um die Jugend betrogen fühle, um die schönen Jahre, in denen man anfängt, Mensch zu sein. Normal ist, dass man mit siebzehn, achtzehn eine Poussage hat oder schon sein erstes Liebesabenteuer, es ist nicht normal, in diesem Alter hinterm MG zu liegen. Ich persönlich empfinde lebenslängliche Scham ... Aber sich immer davor drücken zu müssen, über seine Jugend zu sprechen, weil es ja eine nazistische war! Andere sagten, ah, ich bin Jahrgang 33 und im Erzgebirge aufgewachsen! Das sind Jugenderlebnisse! Jeder fragt: Wie ist es denn mit der HJ gewesen und wie mit dem Jungvolk? Immer lastet, auch heute noch, immer lastet auf dieser Generation: Mein Gott, der ist soundso alt, in der SA kann der nicht gewesen sein, aber der muss ja in der HJ gewesen sein. Das gabs fast gar nicht, dass einer da nicht drin war. Ihr armen Hunde, in keinem Interview erwähnt ihr, dass ihr Fähnleinführer gewesen seid ... Diese Angst, dass man als Faschist verschrien wird, weil man in diese Zeit hineingeboren wurde ... Die Nachkriegszeit brachte eine besondere Empfänglichkeit für das Heitere. Man kam schneller durchs Leben, wenn man heiter war ... Ich wollte nicht abgestempelt sein, das ist sehr unangenehm, wenn man als Komiker abgestempelt ist und dann den Pausenclown abzuliefern hat: Nun sind Sie mal gefälligst komisch! Ganz tief in mir steckt eine Angst. Werden all die Beteuerungen, den Frieden zu bewahren, wirklich gehalten? Draußen ist blauer Himmel, drinnen sind Theaterproben, die Sonne scheint, alles läuft seinen Gang. Aber ich habe jedes Mal nach dem Borchert-Abend keinen guten Schlaf. Ich hole immer wieder etwas in mir hervor, mit dem ich allein fertigwerden muss.«

So hätte auch Willi reden können. Wenn er gekonnt hätte, warum hat er nicht gekonnt? In den Briefen an Margit kommt der Krieg nicht vor. Es waren die Fünfzigerjahre, der Bericht von Rolf Ludwig stammt aus den Achtzigern.

> Meine liebe Margit!
> Hast Du so wenig Verbindung zu mir, dass Du nichts zu schreiben weißt? Woher kommt diese Interesselosigkeit? Hast Du denn gar keine Sehnsucht nach mir? Also, mein Täubchen, ich warte auf Post von Dir. Schicke mir bitte per Postanweisung zwanzig Mark. Bin total abgebrannt, habe nur noch fünf Mark und zwei Zigaretten ...
> Tausend Küsse auf Deine schöne Brust
> Dein Mann

Armer Willi, jetzt sind Krieg und Kriegsgefangenschaft vorbei, Du hast Erfolg im Beruf, bist immer noch ein gut aussehender junger Mann, aber deine Frau liebt dich nicht so, wie du dir das vorgestellt hast: »Ich stehe auf der einen Seite und Du auf der anderen.«

Sie waren Unvollendete, beide, Unvollendete der Liebe und des Lebens. Sie hatten ein kurzes Leben, Willi seins,

Margit ihrs. Ein Leben! Ein einziges! Alles war kurz: die Jugend. Die Liebe. Die Ehe. Die Zeit als Mutter und Vater. Die Zeit, Anerkennung zu genießen. Die Zeit, lustig zu sein; dabei lachten sie so gerne, Willi leise, Margit laut.

Die Grüne Stadt

Auferstanden aus Ruinen und der Zukunft zugewandt, lass uns dir zum Guten dienen. Deutschland einig Vaterland. (Johannes R. Becher)

Willi ist stolz, es ist ihm gelungen, jetzt wird alles gut. Er bekommt von seinem Ministerium eine Zwei-Zimmer-Neubau-Wohnung zugewiesen, ein paar Schritte nur weg vom Stierbrunnen und der kleinen Friedeberger und doch eine ganz andere Gegend. Ein paar Schritte nur entfernt von den Altbauten der Bötzowstraße und doch sehr fremd.

Grüne Stadt heißt das Viertel, doch von Grün keine Spur. Manchmal ist allein der Optimismus grün, und man sieht die Bäume, obwohl sie nicht da sind, man riecht die Blumen, die keiner pflanzte, vermisst die Balkons, die niemand geplant hat.

Margit trennt sich ungern vom Zusammenleben mit ihren Eltern in der kleinen Hinterhauswohnung. Wohl oder übel stimmt sie dem Umzug zu. Sie überträgt Willi die anfallenden Arbeiten und geht am Umzugstag im Friedrichshain spazieren. Mit Maiglöckchen in der Hand, im Pepitakostüm. Sie hat ein paar Ideen beigesteuert und durchgesetzt: Tapeten, die aussehen wie expressionistische Fahrpläne, bunte Tütenlampen, Sessel, die an Autos erinnern. Und ein Nierentisch; der musste sein, schließlich waren es die Fünfzigerjahre. Steinholzboden, Blechklinken, ein winziger Korridor, ein schmales, hellgrün gestrichenes Badezimmer. Alles eng und sparsam, die Straße, die Wohnung, die Hausflure, die nie den Geruch nach Keller und Bunker verloren.

Heute, sechzig Jahre später, ist alles grün, die Bäume, die Wiesen, die Balkons. Nun ist aus dem grauen Bunkerviertel wirklich eine grüne Stadt geworden. Aus dem Nachkriegs-Provisorium entstand eine Idylle.

Was zerbombt wurde, ist wieder auferstanden. Auch Willi war wieder auferstanden. Seine Kraft reichte jedoch nur für ein kurzes Familienleben und für eine ebenso kurze Karriere. Seine kaufmännische Lehre bei der Lufthansa hätte ihm unter den alten Verhältnissen bestenfalls die Laufbahn eines Versicherungsangestellten eingebracht, die neuen Verhältnisse berechtigten ihn zu einem Aufstieg im sozialistischen Außenhandel. Auf einem Pressefoto sieht man ihn beim Abschluss eines Handelsabkommens mit Finnland, sorgfältig frisiert und gekleidet, mit wachen Augen.

Margit und Willi freuen sich über ihre Anschaffungen, wobei die wuchtigen Schlafzimmermöbel aus heller Eiche das winzige Zimmer wie Besatzer beherrschen. Ein Duft nach Eichenholz zieht durch die Wohnung, ein aufdringliches Wehen. Dem Charme des Halbfertigen kann auch Judy sich nicht entziehen. Alles riecht nach Aufbau, Bohnerwachs und Bescheidenheit. Nach Anfang. Nach einem Leben, das verlegen lächelt. Judy konnte sich an die winzige Wohnung nie gewöhnen und vergaß dennoch den Geruch nach frischer Farbe ein Leben lang nicht. Vielleicht auch wegen der Küsse mit einem Zimmermannslehrling im Torbogen neben der Nummer vierzehn.

Alles war Aufbruch, doch der Krieg steckte noch in den Knochen. Judy lag nur noch auf dem Sofa, dünn und erschöpft. Kein Einkriegezeck, kein Versteckspiel, keine Murmeln. TBC, sagte der Hausarzt und schrieb einen Antrag auf Verschickung in eine Heilstätte bei Berlin.

Mit Wollust erinnert Judy sich an die Liegekuren auf der Terrasse, wo sie stundenlang in den Himmel gucken, ihre Gedanken frei fliegen lassen und sich alles vorstellen konnte, was gut und schön war. Und was sie bedrückte. Papa tat ihr leid, Mama tat ihr leid – sie sagte es immerzu leise vor sich hin, als könnte sie mit der Wiederholung dieser Worte etwas ändern, was nicht zu ändern war. Und dazu dieses fürchterliche Heimweh, trotz des Fotos ihrer Mutter, das sie unter dem Kopfkissen versteckt hielt.

Mittags wurde die Post verteilt, war kein Brief für Judy dabei, wurde sie traurig, war einer dabei, wurde der Nachmittag zum fröhlichen Fest, manche Kinder bekamen Päckchen und verteilten Bonbons, Kekse und Äpfel. Am Abend legte Judy den Brief von zu Hause unters Kopfkissen und war glücklich.

Die TBC-Kinder wurden oft geröntgt. Jedes Mal schlich sich die Hoffnung mit ins dunkle Röntgenzimmer, sie roch nach Chemie und gutem Willen. Ein Vierteljahr lang wartete Judy auf das erlösende o. B., ohne Befund. O. B. kam nach vier Monaten.

Margit bereitet jeden Morgen ein rohes Ei mit Rotwein und Zucker, auch Willi soll endlich gesund werden, sie fühlt sich für ihn verantwortlich und zu ewiger Treue verpflichtet. Die eigene Wohnung ist der Beginn des Eheglücks. Und das Ende. Ein Mann und eine Frau suchen die Liebe, die ihnen im Lauf der Zeit verloren gegangen ist. Sie sind noch jung, Anfang dreißig, verbunden durch ein paar übermütige Abende in Tanzlokalen, ein paar verliebte Nächte und einen Himmel voller Bomben. Sie hatten keine Zeit, sich kennenzulernen, es kam was dazwischen – der Krieg. Dazwischen kamen auch die manifesten Depressionen von Willi. Die Aufenthalte in Erholungsheimen hatten nicht geholfen. Auf den Alkohol war mehr Verlass.

Wenn Willi trinkt, bekommt sein Gesicht den Ausdruck eines fröhlichen Jungen. Er spricht wenig, lächelt und erzählt banale Witze.

Margit erwartet nicht mehr vom Leben als eine hübsche Wohnung, einen soliden Mann und keine Geldsorgen. Ihre Wünsche sind bescheiden, sie gehen dennoch nicht in Erfüllung. Beide arbeiten und bilden sich weiter, immer weiter. Qualifizierung zum Ersten, zum Zweiten, zum Dritten. Sie sind spontan in die SED eingetreten, weil diese Partei versprach: Nie wieder Krieg! Nie wieder Faschismus! Wohlstand war nicht unter den Versprechungen.

BERLIN, DEN 6. JANUAR 1951

Lieber Papa,
bist Du gut in Mecklenburg angekommen? Ist der Zug Dir nicht vor der Nase weggefahren? Und übrigens hast Du ja bald Geburtstag und gleichzeitig

Rosenhochzeit. Im Februar gibt es Halbjahreszeugnisse. Ich hoffe, dass meins gut ausfallen wird. Gestern war ich im Friedrichstadtpalast von den Jungen Pionieren aus. Weil ich gerade an diesem Tag meine Pionierkleidung anhatte, durfte ich mich in die Sessel setzen, hinter mir in der Loge saß Wilhelm Pieck. Margot Veiß und Erich Honecker waren auch dort. Es waren Pioniere aus allen Bezirken der DDR und aus der Sowjetunion dort versammelt. Auch sah ich Otto Grotewohl und Walter Ulbricht.

Nun, lieber Papa, will ich schließen.

Es grüßt und küsst Dich
Deine Judy

Als Judy diesen Brief schrieb, war sie zehn Jahre alt. Sie schenkte ihrem Vater zum dreißigsten Geburtstag einen gerahmten Spruch: »Schnaps, das war sein letztes Wort, dann trugen ihn die Englein fort.« Sie fand das lustig.

Wenn einer in der Familie Geburtstag hatte, putzte Margit am Vorabend auf Knien die Wohnung. Sie liebte Extreme. Entweder machte sie gar nicht sauber oder auf Knien. Morgens war der Geburtstagstisch in der Küche gedeckt, mit feierlichen Kerzen, frischen Blumen und einer fetten Buttercremetorte. Ein Bild vom kleinen Glück, Judy hat es noch heute vor Augen. An ihrem zwölften Geburtstag schenkte ihr die Mutter »Die Küchenuhr«, eine Erzählung von Wolfgang Borchert.

»Er setzte sich mit seinem alten Gesicht zu ihnen auf die Bank. Sie haben wohl alles verloren? Ja, ja, sagte er freudig, denken Sie, aber auch alles! Nur sie hier, sie ist übrig. Aber sie geht doch nicht mehr, sagte die Frau. Nein,

nein, das nicht. Kaputt ist sie, das weiß ich wohl. Aber sonst ist sie doch noch ganz wie immer: weiß und blau. Und wieder zeigte er ihnen seine Uhr.

Und was das Schönste ist, fuhr er aufgeregt fort, das habe ich Ihnen ja noch überhaupt nicht erzählt. Das Schönste kommt nämlich noch: Denken Sie mal, sie ist um halb drei stehen geblieben, ausgerechnet um halb drei, denken Sie mal ... Das ist nämlich der Witz, dass sie gerade um halb drei stehen geblieben ist ... Um halb drei kam ich nämlich immer nach Hause. Nachts, meine ich ... Fast immer um halb drei. Das ist ja gerade der Witz ... Und ich ging immer gleich in die Küche. Und wenn ich in der dunklen Küche was zu essen suchte, ging plötzlich das Licht an. Da stand die Mutter in ihrer Wolljacke und mit einem roten Schal um. Und barfuß ... So spät wieder, sagte sie dann. Mehr sagte sie nie. Nur: So spät wieder. Und dann machte sie mir das Abendbrot warm und sah zu, wie ich aß ... Das war ganz selbstverständlich, fand ich, dass sie mir nachts um halb drei in der Küche das Essen machte. Ich fand das ganz selbstverständlich. Sie tat das ja immer ... Einen Atemzug lang war es ganz still auf der Bank. Dann sagte er leise: Und jetzt? Er sah die anderen an. Aber er fand sie nicht. Da sagte er der Uhr leise ins weißblaue runde Gesicht: Jetzt, jetzt weiß ich, dass es das Paradies war. Das richtige Paradies ...«

Das musst du dir merken, Judy, das war und ist das richtige Paradies.

Ja, Mama.

Judy glaubt, dass ihr Leben schön wird, wenn eine Küchenuhr darin tickt, die keine Bombe anhalten kann. Das Paradies ist nah. Wenn sie im Klassenchor »Deutschland, du liebe Heimat, deine Jugend will dich neu erbauen« singen, besonders an der Stelle »Drum schlag deine Augen auf, und sieh, neu der Tag beginnt«, muss sie weinen.

Wenn sie sich freut, fürchtet Judy immer, dass sie die Freude mit Enttäuschung bezahlen muss, dass Glück mit Pech ausgeglichen wird, Lachen mit Weinen, Liebe mit Gleichgültigkeit. Sie fürchtet das Schicksal. Das Ausgeliefertsein. Die Ohnmacht.

Judy erweitert ihr Schulleben um eine, wie sie findet, gesellschaftliche Dimension. Sie schreibt Briefe an die Filmfirma Bavaria im Westen, an Oliver Grimm, Liselotte Pulver, Cornelia Froboess, Ruth Leuwerik, Caterina Valente, Heinz Rühmann u. a. Ihre Autogrammwünsche werden von der Bavaria prompt beantwortet; Judy freut sich, wenn sie aus der Schule kommt und wieder ein Brief vom Geiselgasteig auf dem Küchentisch liegt. Die Erfahrung, etwas ausgelöst zu haben, macht sie fröhlich, es waren Grüße aus der Welt, ferne Berührungen eines unbekannten Milieus.

Die Fassaden vom Prenzlauer Berg sind für Judy steinerne Umarmungen, der Stuck, die müden Mauern mit den Einschusslöchern – ihr Anblick ist eine Liebkosung. Die Fliesen im Hausflur, die Malereien an den Wänden, die Schnitzereien der Geländer, die bunten Fenster in den Treppenhäusern sind Streicheleinheiten.

Judy verlässt jeden Morgen die Grüne Stadt und geht zum Frühstück zu den Großeltern. Es gibt Brandmauern, Remisen und Kühe auf riesigen Hinterhöfen, Strohballen, auf die man aus dem Flurfenster im ersten Stock springen kann, ohne sich wehzutun. Es gibt drei Hinterhöfe zum

Spielen und Freundinnen im Vorderhaus, die Rollschuhe besitzen. Weil Judy keine hatte, war das Fahren immer nur mit einem Rollschuh möglich. Man teilte sich das kostbare Gut.

Die Schule ist nah, wo rosa Suppe in Stahlhelme gefüllt wird, die als Schüsseln dienen. Und da sind die Waisenkinder aus dem Katharinenstift, die schon am frühen Morgen den scharfen Geruch nach Zwiebeln in den Klassenraum pusten, wegen der Vitamine. Die Namensliste im Klassenbuch beginnt mit Badura, Becker, Bettermann, alle drei haben blonde Zöpfe.

Fräulein Oprotkowitz, die die erste Klasse unterrichtet, glaubt nicht, dass Judy schon lesen kann, sie sagt, sie habe alles nur auswendig gelernt, und schlägt Judy mit einem Lineal auf die Fingerspitzen. Auf dem Zeugnis der ersten Klasse steht: »Judy ist ein Kind, das sich gern in den Mittelpunkt stellt, das rührt wohl von dem ständigen Alleinsein her.« Fräulein Oprotkowitz ist von altem Schrot und Korn, eine Mutter hat nicht zu arbeiten, sondern sich um ihr Kind zu kümmern. Schlüsselkinder mag Fräulein Oprotkowitz gar nicht, sie mag auch Judy nicht, weil sie vorlaut ist.

Doch es kommt bald eine andere, die Neulehrerin Fräulein Clarweg. Sie ist jung, fortschrittlich, lacht gern und kann Judy gut leiden. Auf einem Zeugnis vermerkt sie: »Judy schwatzt viel. Für ihre sehr guten Leistungen wird sie ausgezeichnet.« Das ist doch mal ein echter Widerspruch.

Fräulein Clarweg bleibt bis zum Ende der achten Klasse und beobachtet über fünfzig Jahre wohlwollend Judys Werdegang als Journalistin. Einmal aber ruft sie an und sagt zu ihrer längst erwachsenen Schülerin: Also, Judy, heute bin ich aber gar nicht zufrieden mit dir ... Dein Artikel spielt doch den Revisionisten in die Hände ...

Feuer auf der Spree

Der eigentliche Wert der Erinnerung besteht in der Einsicht, dass nichts vorüber ist. (Elias Canetti)

Dass die Vergangenheit nicht vergangen ist, tröstet Judy. Modernistische Aufforderungen wie: »Immer nach vorne schauen, nur in der Gegenwart leben!«, empfindet sie als Diebstahl an ihrer Erinnerung. Sie hatte Verbündete: die Einschusslöcher. Auf dem Heimweg von der Schule zur Wohnung der Großeltern gab es eine Menge davon. Wachsame Augen, die vom Krieg erzählten, von vergangenen Kämpfen und von der Zeit, die kommen wird. Augen, die viel gesehen haben vom Leben und vom Tod, von Sieg und Niederlage.

Wenn die weisen Einschusslöcher sie ansehen, weiß Judy, dass sie ihnen alles anvertrauen kann. Auch, dass sie neulich ein Gespräch zwischen ihrer Mutter und der Großmutter belauschte, das nicht für sie bestimmt war. Da tauchte das Wort Abtreibung auf, Mama weinte, Oma flüsterte: Geh zu Frau Schneider, vielleicht macht die das noch mal.

Judy jedenfalls wollte keinen kleinen Bruder, auch keine Schwester. Warum eigentlich nicht? Am nächsten Morgen sprach sie mit einem Einschussloch, das riet ihr: Abwarten! Sie wartete ab, und die Sache regelte sich von selbst.

Judy hat es nicht vergessen: Bei einer Schifffahrt auf der Spree zwischen Treptow und Rahnsdorf brach am 5. Juli 1951 ein Feuer auf dem Dampfer »Heimatland« aus. Eine Explosion. Achtundzwanzig Kinder und zwei Lehrerinnen kamen um. Es geschah an einem Donnerstag gegen 9:40 Uhr während der Ferienspiele. Mütter und Großmütter standen am späten Nachmittag zitternd und weinend auf der Greifswalder Straße und warteten auf die Rückkehr ihrer Kinder.

Peterchen, komm wieder, schrie die Oma von dem blond gelockten Peter, komm wieder, ich will auch nie mehr mit dir schimpfen. Peterchen kehrte zurück, andere Kinder konnten nicht gerettet werden, weil die Zuständigkeiten im geteilten Berlin ungeklärt waren. Weil Hilfsangebote aus dem Westen aus politischen Gründen abgelehnt wurden. Weil die Westkrankenhäuser nur Kinder aufnehmen wollten, deren Eltern in einer westlichen Krankenkasse versichert waren. Die toten Kinder wurden im Foyer vom Leichenschauhaus in der Hannoverschen Straße aufgebahrt, sie waren ertrunken oder verbrannt, sie lagen unter weißen Tüchern und roten Rosen. Es waren Kinder, die die Bomben auf Berlin überlebt hatten, den Hunger und die Kälte, sie starben an einem hellen Sommertag im Frieden auf einem weißen Ausflugsdampfer auf der Spree.

Judy hätte unter den toten Kindern sein können, wenn sie auf ihren Vater gehört hätte, der wollte, dass sie von der Heinrich-Roller-Schule an die Wehlauer Schule wechselte. Sie befand sich auf keinem der Ausflugsschiffe – dabei liebte sie Ferienspiele, ihre Teilnahme an der Dampferfahrt hätte nur fünfzig Pfennige gekostet.

Katastrophen brauchen ab und an ein zufälliges Stück vom Glück, um sich nicht mit aller Konsequenz erfüllen zu müssen: Im selben Sommer erfasste die Straßenbahn, die durch die Greifswalder Straße fuhr, zwei kleine Mädchen. Passanten waren geschockt. Dann das Wunder. Die Schwestern krochen unversehrt unter der Straßenbahn hervor.

Am Abend des 17. Juni 1953 brachten Margit und Willi ihre Tochter zu den Sontheimers im Nebenhaus, wo Judy öfter die kleine Astrid hütete. Herr Sontheimer arbeitete bei Siemens in Westberlin. Judy übernachtete dort zwei Nächte, weil sie als Kind von Genossen bei den Grenzgängern sicherer war als zu Hause oder bei den Großeltern, denn der 17. Juni hatte blutige Stellen, Margit und Willi, Oma und Opa sorgten sich um Judy.

Die Arbeiter und Bauern wollten den Arbeiter- und Bauernstaat nicht. Sie wehrten sich gegen die von der Regierung geforderten Normerhöhungen, die der Absenkung der Löhne um zehn Prozent entsprachen. Menschen wurden verhaftet, Menschen starben, Schüsse knallten in den Frühlingshimmel, russische Panzer fuhren auf.

Judy sitzt mit der kleinen Astrid bei den Sontheimers in der Küche, sie essen Kartoffelpuffer, und während draußen welthistorische Ereignisse ablaufen, spielt Judy mit ihr »Mensch ärgere dich nicht«. Kartoffelpuffer, erzählt sie der kleinen Astrid, Kartoffelpuffer, weißt du, gab es auch in den Bombennächten bei Frau Hein in der Friedeberger, jedes Mal nach der Entwarnung aßen wir Kartoffelpuffer.

In Judys Leben gibt es keine Entwarnung. Für sie ist der Alarm niemals vorbei, die Sirenen heulen ihr Leben lang.

Sie versetzen sie heute noch in Angst und Schrecken, denn sie bedeuten Angriff, Verfolgung, Verlust und Tod, auch an diesem 17. Juni 1953.

> *Die Lösung*
> *Nach dem Aufstand des 17. Juni*
> *Ließ der Sekretär des Schriftstellerverbands*
> *In der Stalinallee Flugblätter verteilen*
> *Auf denen zu lesen war, dass das Volk*
> *Das Vertrauen der Regierung verscherzt habe*
> *Und es nur durch verdoppelte Arbeit*
> *zurückerobern könne. Wäre es da*
> *Nicht doch einfacher, die Regierung*
> *Löste das Volk auf und*
> *Wählte ein anderes?*
> BERTOLT BRECHT

Im Haus der Sontheimers wohnten kleine Leute. Man borgte sich gegenseitig Geld und Salz, hatte unterschiedliche Ansichten von den herrschenden Verhältnissen und feierte zusammen Silvester. Die Erwachsenen trugen Papierhüte, tranken Bier aus Flaschen mit Bügelverschluss, und Judys Vater tanzte mit Frau Sontheimer Boogie-Woogie. Dass die Sontheimers eher westlich eingestellt und Judys Eltern in der SED waren, tat der Sympathie keinen Abbruch. Eines Tages stand ein folgenreicher Satz im Raum: Sontheimers sind getürmt.

Bei wem soll ich mir jetzt die Bluse aus der grünen Acetatseide machen lassen, die ich mir extra von drüben besorgt habe, Frau Sontheimer hatte Schick, klagte Margit verzweifelt, warum musste die bloß abhauen!

Nach dem Fall der Mauer nach fast dreißig Jahren traf Judy sich mit den Sontheimers in Schöneberg. Sag Lilli zu mir, Judy, mein Gott, warst du dünn damals. Wir sind weggegangen aus der DDR, weil wir Angst hatten, erzählte Frau Sontheimer. Die Leute im Haus haben sie belauert, weil ihr Mann Grenzgänger war. Neidische Nachbarn beobachteten aus den Küchenfenstern die Ankunft eines Kühlschranks, der aus dem Westen geliefert wurde. Einige sind gekommen, ihren Schnaps kaltzustellen und sich Eiswürfel auszubitten, erinnerte sich Lilli Sontheimer, sogar der Volkspolizist aus dem Seitenflügel kam öfter. In einem Hauseingang auf der gegenüberliegenden Straßenseite, so erzählte sie, haben ständig zwei Männer gestanden und zu Sontheimers Fenstern hochgeguckt. Wir hatten wahnsinnige Angst, sagte Lilli. Angst unter deutschen Dächern, so oder so.

Vulkanfiber

Ich habe das Bedürfnis, einen Mann zu bewundern.
(Simone Signoret)

Am Wochenende sind die Eltern öfter im »Leierkasten«, einer Kneipe ganz in der Nähe der neuen Wohnung. Margit trägt das weiße Seidenkleid aus Mailand, sie ist ein bisschen fülliger geworden, weil sie so gern Buttercremetorte isst. Willi nennt sie jetzt Dicki Flott und ist stolz auf seine Frau, die im »Leierkasten« auftritt, wann immer sie Lust hat. Sie singt Lieder, wie Zarah Leander sie gesungen hat: »Kann denn Liebe Sünde sein« oder »Ich weiß, es wird einmal ein Wunder geschehn«.

Margit beschließt, sich ein Kleid »à la Leander« machen zu lassen, mit einer Paillettenstickerei, die sich schräg über Bauch und Busen zieht. Die Gäste des Lokals klatschen und trinken Weinbrand. Willi etwas mehr als die anderen. Der Schnaps macht ihn nicht laut, sondern lächelnd. Er ist stolz auf seine temperamentvolle Frau, die den Star spielt, die Diva, die Primadonna. Sie ist ein Vulkan, ein Supervulkan, eine Vulkanfiber. Und sie spendiert eine Zugabe: »Nur nicht aus Liebe weinen ... Es gibt auf Erden nicht nur den einen.«

Margit träumt vom Rampenlicht im Friedrichstadtpalast und gibt sich zufrieden mit dem Applaus der Gäste einer Eckkneipe in NO 55. Sie träumt von Abenteuern und lehnt es ab, mit ihrem Mann drei Jahre in ein arabisches Land zu gehen, wo man ihm eine gute Stellung angeboten hat. Margit will nicht weg aus Berlin, so verbleibt auch Willi im Kleinen.

Er sitzt da und lächelt sich frei. Am nächsten Morgen säubert er die häuslichen Aschenbecher mit einem Pinsel, wie es die Kellner in den Kneipen tun.

Papa, was ist brünett?, fragt Judy ihren Vater. Brünett ist netter als nett, antwortet er. Am nächsten Tag prahlt sie in der Schule mit ihrem Wissen: Brünett ist netter als nett, hat mein Vater gesagt.

Die Lehrerin lacht: Das Wort brünett kommt aus dem Französischen.

Mein Vater hat es mir anders gesagt, beharrt Judy.

Schreib doch mal was Schönes in mein Poesiealbum, Papa, so was wie: »Sei wie das Veilchen im Moose, so sittsam, bescheiden und rein. Und nicht wie die stolze Rose, die immer bewundert will sein.« Stattdessen schreibt er: »Am Honig leckt der Bär, der braune. Dein Vater.«

Willi sucht Kontakt zu seiner Tochter, er will sie zum Lachen bringen, legt eine Drahthaarbürste unter das Laken in ihrem Bett und freut sich, wenn sie empört kreischt. Er beteiligt sich an Judys Erziehung, er drängt darauf, dass sie in eine andere Schule wechselt, die näher dran ist an der neuen Wohnung, der Einfluss der Großeltern soll dadurch kleiner werden. Judy würde eine Umschulung nicht schwerfallen, die ist anpassungsfähig, sagt Willi. Judy leistet Widerstand und bleibt, wo sie ist.

Manchmal bringt Willi Antonio mit nach Hause, den Geschäftsfreund aus Mailand, dann kochen sie italienisch, oder was sie dafür halten: Kroketten. Sie pfeifen beim Kochen Arrivederci Roma. Neue Wörter kommen ins Haus: »Kroketten« und »Geschäftsfreund« – die Welt scheint sich zu öffnen. Margit gefällt nicht, dass die beiden Männer nach dem Kochen alles stehen und liegen lassen und ein Bier trinken gehen.

Antonio sieht gar nicht aus wie ein Italiener, findet Judy, Italiener hatte sie sich immer mit schwarzen Haaren und sprechenden Händen vorgestellt.

Antonio erzählte sehr viel später, dass Willi an einem Abend im »Leierkasten« über die Kriegsgefangenschaft gesprochen hat und über die Unberechenbarkeit der Russen. Es sei das einzige Mal gewesen, dass Willi über die Dinge des Krieges gesprochen habe. Wenn die hungrigen deutschen Gefangenen auf dem Weg zur Arbeit an den Katen vorbeimarschierten, steckten die hungrigen russischen Bauern ihnen Brot zu.

Margit will, dass ihre Tochter getauft wird, weil sie möchte, dass sie eingesegnet wird, und das geht nur, wenn sie getauft ist, Judy ist da schon fast vierzehn. Willi interessiert sich nicht für die Taufe, erst recht nicht für die Einsegnung; er ist auf Dienstreise und schickt Telegramme.

Margit will keine Jugendweihe für ihre Tochter, die Kartenlegerin hat in den Karten gelesen, dass Judy die Einsegnung braucht, um fröhlich zu bleiben. Eklektizismus gehörte zur praktischen Lebensausstattung von Margit. Also wird im Konfirmandenunterricht schnell das Vaterunser gelernt und die Ostergeschichte gesungen: »Des Morgens früh am dritten Tag, als schon der Stein am Grabe lag, erstand er frei ohn alle Klag, Halleluja.« Dass Margit und Willi Mitglieder der SED sind, spielt keine Rolle, Frömmigkeit schon eher, Judy betete als kleines Mädchen: »Lieber Gott, mach mich fromm, dass ich in den Himmel komm.«

Margit wollte, dass Judy ein Einsegnungskleid aus schwarzem Taft bekommt, die ganze Familie hatte für den Stoff aus dem Westen zusammengelegt, sie tauschten das Ostgeld eins zu fünf in Westgeld um und kauften den Taft in einem verkramten kleinen Laden in der Bernauer Straße. Die rotblonde Nachbarin ist Schneiderin von Beruf, sie näht Judys Einsegnungskleid mit raffinierten Rüschen, die einen Busen vortäuschen, denn Judy hat keinen.

»Der Besuch der Oberschule ist eine gesellschaftliche Auszeichnung«, schrieb die Abteilung Volksbildung an Judys Vater, »sie verpflichtet den Schüler, sich durch beharrlichen Fleiß und charakterliche Haltung dieser Auszeichnung würdig zu erweisen und die Politik unserer Regierung zur Wiederherstellung der Einheit Deutschlands auf demokratischer Grundlage und zur Erhaltung des Friedens aktiv zu unterstützen.«

Als die Zulassung zur Oberschule kam, sagte Judys Vater: Die will bloß nicht arbeiten.

Judy lachte, damit war die Sache erledigt. Sie war der Meinung, dass Eltern nicht alles wissen müssen, auch nicht, wenn sie so jung sind wie ihre.

Was sich zum Beispiel in Ferch am Schwielowsee abgespielt hatte, erfuhren die Eltern nie. Nicht die Geheimnisse der verkicherten Nächte, nicht die heimlichen Berührungen bei Bänderspielen und Schnitzeljagden, nicht die kleinen Lieben zwischen Fahnenappell und Nachtwanderung.

Am Tag vor der Reise in das Betriebsferienlager hatte die Mutter Stoffschildchen mit Initialen in Judys Sachen genäht, den Vulkanfiberkoffer gepackt und ihr Kind zum Zug nach Ferch gebracht.

Es gibt ein Foto vom Morgen der Abreise. Da steht Judy in dieser Neubaustraße, die aussieht wie eine Strafkolonie, grau und nackt, kein Baum, kein Strauch, es war Sommer. Mama machte das Foto mit einer Pouva Start, einem der ersten Fotoapparate aus DDR-Produktion, er kostete, so hat es Judy in Erinnerung, vierzehn Mark und war zuverlässig. Judy trug weiße Söckchen, Rock und Bluse und in der Hand den Vulkanfiberkoffer, der auf den ersten Blick wirkte wie ein Lederkoffer, mit ihm sah Judy wie eine richtige Reisende aus. Sie lächelt in die Kamera, Erwartung in den Augen.

Sie weiß noch den Geruch nach Holz und Jasmin, den die Baracken mit den Doppelstockbetten ausatmeten, den Duft der morgendlichen Kühle beim Frühsport. Und die Lieder am Lagerfeuer. »Durchs Gebirge, durch die Steppe zog unsre kühne Division. Hin zur Küste, dieser weißen, heiß umstrittenen Bastion ...« Die Ferch-Sommer waren sonnig, warm und barfuß.

Judy war dreizehn, als Manfred sie küsste. Er hatte dunkelblondes welliges Haar, Fußballerbeine und einen breiten Mund. Abende lang lehnte Judy am Fenster der Baracke, die Arme unter der Brust verschränkt. Sie trug fast immer die karierte Hemdbluse mit den aufgesetzten Taschen, es sah aus, als hätte sie einen Busen. Manfred stand vor ihr, andächtig.

An einem der nächsten Tage gingen sie zusammen baden. Judys Badeanzug aus grünlichgelber Zellwolle hing wie ein nasser Sack über ihrem mageren Kinderkörper. Das Schlimmste: Er hatte keine aufgesetzten Taschen, erbarmungslos klebte dieser Badeanzug an ihrer flachen Brust. Der Junge mit den Fußballerbeinen verstummte, eine Weile starrte er sie anklagend an – dann lange nicht mehr.

Trotzdem war Ferch ein Ort der Vorfreude, immer wieder siegte die Erwartung über die Enttäuschung, diese, so man will, dialektische Spur zog sich durch Judys Leben, sie schätzte Widersprüche. These: Schöner Junge hat kein Interesse mehr. Antithese: Schöner Junge hat wieder Interesse, denn im nächsten Jahr hat Judy einen neuen Badeanzug. Die Negation der Negation: Es kommt ein anderer schöner Junge und küsst sie. Manfred, der Junge vom vorigen Jahr, guckt rüber und sagt: Judy, kommst du mit baden?

»Glaube, Liebe, Hoffnung, diese drei, doch die Liebe ist die größte unter ihnen«, hatte der Pfarrer der Konfirmandin mit auf den Lebensweg gegeben. In den folgenden vier Wochen glaubte Judy an Gott, später konnte sie sich vorstellen, dass jeder Mensch seinen eigenen Gott hat.

Präsentkorb oder Papierblume

Blues ist die Geschichte von Mann und Frau. Der Beginn der Welt. Adam und Eva im Paradies. (John Lee Hooker)

Judy liebte Rummel im Regen, wo bunte Lichter die Tristesse der Pfützen vertreiben. Sie sind auch sonntags geöffnet. »Just Walking in The Rain«, singt Johnnie Ray aus Amerika. Die Rummelplätze läuten das Ende ihrer Kindheit ein. Riesenrad, Kettenkarussell, Luftschaukel, Gespensterbahn. Losbuden, Schießbuden, Spiegelkabinette und Hau den Lukas ... Man konnte gewinnen oder verlieren, Präsentkorb oder Papierblume, Hauptgewinn oder Niete. Illusion oder Enttäuschung. Wie im wirklichen Leben.

Die Jungs mit den Elvis-Enten, den Kreppschuhen und den Ringelsocken springen mit wendigen Bewegungen auf die Trittbretter der Karussells und verteilen Freifahrscheine an Mädchen, die ihnen gefallen. Sie sind allesamt Kriegskinder auf der Suche nach Freiheit. Rock'n'Roll, die wilde Musik aus Amerika, vertreibt die Erinnerung an Hunger und Tod, Feuer und Bomben, sie weckt rebellische Geister und schafft Abstand zur frisch gewaschenen Welt der Eltern, die keine Schuld kennen will, nur Eisbein und Schweinebraten.

Die Halbstarken randalieren auf Volksfesten und in Tanzsälen, sie wollen nicht strammstehen, keine Befehle empfangen, weder von den Eltern noch von der Volkspolizei. Sie sind frei, oder sie prügeln sich frei. Auf dem Rummel gab es keine Gebote und keine Verbote, hier schien alles erlaubt. Hier rotteten sich Gangs zusammen, deren Anführer in der Luftschaukel einen Überschlag nach dem anderen wagten und die Mädchen entzückten.

Das Milieu, wie Judy es öfter in den neorealistischen italienischen Filmen sah, gefiel ihr, die Fahrten mit dem Autoscooter, das anzügliche Buffen der Blechautos und dass die Jungs »einen Kaner« machten, also einen auf Amerikaner.

Einer war dabei, den seine Untergebenen Killer nannten, ein großer Junge mit Elvis-Ente. Judy und er sprachen ab und an miteinander, Judy erzählte ihm, dass sie für den Zeichenunterricht in der nächsten Woche ein Stillleben malen müsse, was so gar nicht ihre Sache sei.

So was kann ich, sagte Killer und bot an, das Stillleben für Judy zu malen.

Eine Woche später erschien er auf dem Rummel mit dem fertigen Bild, das er von einem seiner Untergebenen tragen ließ.

Eine Luftschaukel hatte er gemalt, voll mit Apfelsinen und Zitronen. Das Bild war zu schön, um es in der Schule abzugeben, der Zeichenlehrer würde niemals glauben, dass Judy das gemalt hatte. Außerdem würde er es als Kritik am Obst- und Gemüsehandel des Ostsektors werten.

Judy hängte das Stillleben an die Wand neben ihrem Bett, in die Nähe von Willis Ansichtskarte vom Lago Maggiore. Sie erzählte zu Hause, dass ein Klassenkamerad das Bild gemalt hatte, nicht einer vom Rummel, sie wollte die Eltern nicht beunruhigen.

Killer war zweifellos ein Halbstarker, zwei aus seiner Clique besaßen ein Kofferradio, und wenn sie Glück hatten, sang Bill Haley Rock around the clock. Die Halbstarken kamen aus Arbeiterfamilien, die 68er gingen aus dem Mittelstand hervor, es waren dieselben Jahrgänge, sie unterschieden sich allerdings durch ihre soziale Herkunft; einer wie Gerhard Schröder war erst Halbstarker, dann 68er, dann Kanzler.

Und da war Uschi, die Freundin aus der Grundschule. Uschi kam immer mit, Judy durfte nicht mal allein in eine Telefonzelle gehen, Uschi drängelte sich mit rein. Sie wollte alles über Judys Leben wissen, aber nicht erzählen, was sie selbst mit Jungs in dunklen Hausfluren machte. Es begab sich, dass ein paar Halbstarke Judy anvertrauten, dass sie von Uschi den Auftrag bekommen hätten, Judy zu verprügeln, weil sie neben ihr noch eine andere Freundin hatte. Zwanzig Mark hätten sie dafür bekommen. Sie würden Judy natürlich nicht verprügeln, aber sie müsse so tun, als ob sie sie verprügelt hätten. Ende einer Freundschaft.

War Judy eine Halbstarke? Nein, Judy hielt Abstand, Judy beobachtete, Distanz war eine ihrer wichtigsten Eigenschaften.

Sonntags gehen Margit und Willi in den Sommergarten vom Saalbau Friedrichshain, obwohl der längst Judys Terrain ist. Da ist nämlich schon nachmittags Musik, die Eltern tanzen nach »Ramona, zum Abschied sag ich dir Good bye«. Judy ist jedes Mal erleichtert, wenn sie endlich im Kino verschwinden, wo Filme mit Anna Magnani und

Vittorio de Sica laufen. So kriegen die Eltern nicht mit, wenn sie mit ihren Freundinnen Pfefferminzlikör trinkt, bevor es drinnen im Saal losgeht. »Offen tanzen verboten« steht auf den Schildern rund um die Tanzfläche des Saalbaus. Alle tanzen offen – Bill Haley hat es geschafft, die Kulturfunktionäre konnten sich nicht durchsetzen.

Aber Sohni konnte sich durchsetzen, er war klein und bucklig und tanzte einen außerordentlich perfekten, wunderschönen Rock'n'Roll. Angelica Domröse, zierlich, hübsch und kess, wurde im Saalbau für den Film entdeckt und bekam die Hauptrolle in dem DEFA-Film »Verwirrungen der Liebe«. Als wir uns später in der »Möwe« gemeinsam an den Saalbau erinnerten, triumphierte Angelica: Mit dir hat Sohni nie getanzt. Stimmt.

Judys Eltern hatten nichts gegen Rock'n'Roll, aber sie tanzten lieber Boogie-Woogie. Einen Generationskonflikt gab es nicht. Unstimmigkeiten schon. Margit öffnete einen Brief, den ein Junge an Judy geschickt hatte, da war eine Haarsträhne von ihm drin, dickes, glänzendes, braunes Haar.

Das macht man nicht, Mama, man öffnet keine Briefe, die an andere Personen gerichtet sind.

Und was machte Margit? Sie wurde rot. Und der Junge mit der Haarsträhne wurde Meteorologe. Judy war fünfzehn, die Eltern Mitte dreißig. So viel Jugend auf einmal, und doch ist das Glück fragil. Glück ist die Abwesenheit von Unglück, auch dieser Spruch trifft nicht, was mit Willi und Margit passierte.

Es war September, ein warmer Abend noch. Judy hatte an der Bushaltestelle am Bahnhof Friedrichstraße gestanden, um mit dem 57er nach Hause zu fahren, in die Neubauwohnung mit den Tütenlampen, als ihr Vater plötzlich vor ihr stand, mit Aktentasche, in Damenbegleitung. Das dunkelblonde Haar war aus der Fasson, sein schmales brünettes Gesicht sah nackt aus, undiszipliniert, jung. Er lächelte laut, es waren alle Türen in ihm aufgegangen, er war betrunken.

Er hatte seinen beigefarbenen Staubmantel an, darunter das Pfeffer-und-Salz-Sakko und den schwarzen Lederschlips, den Mama ihm zum Geburtstag geschenkt hatte. Seine Schuhe glänzten im Licht der Neonlaternen, blank gewienert wie immer, saubere Schuhe, befleckte Seele.

Fremd in seiner Gesprächigkeit stellte er Judy den Frauen vor: Meine Tochter, sagte er besitzergreifend, sie war so sauber in ihrer weißen Bluse und dem schwarz-weiß karierten Petticoat. Die beiden Frauen starrten Judy an. Dunkelrote Lippen, ausgefranste Blicke, große Gesten. Nutten, dachte Judy, mein Vater mit Nutten.

Judy wartete weiter auf den Bus, sah dem Vater nach, der, untergehakt, abgeführt, die Friedrichstraße hochlief Richtung Oranienburger Tor, und dachte erschrocken, sie müsste dies alles vergessen.

Die Neonschrift über dem Bahnhof schrieb damals noch hellblaue Nachrichten aus der Welt in den Himmel. Später schien es Judy, als hätte sich der Vater an diesem Abend endgültig verabschiedet von Ordnung, Alltag und Nüchternheit, verabschiedet von der Hoffnung, um zwanghaft in das Chaos zu sinken, in den Rausch, in die Unordnung.

Obwohl beide arbeiten, hatten Willi und Margit nie Geld. Außer am Gehaltstag, da holt Judy ihre Mutter von der Arbeit ab. Sie gehen ins Café Gumpert und bestellen Liebesknochen. Margit singt vor sich hin: »In einer kleinen Konditorei, das saßen wir zwei und aßen für drei ...«

Willi trifft sich an Gehaltstagen mit Kollegen auf ein Bier oder zwei oder vier oder sechs. Und das nicht nur an Gehaltstagen. Am nächsten Tag eilt er mit blank geputzten Schuhen ins Büro, formuliert Handelsverträge und ist anwesend, wenn sie abgeschlossen werden.

Er gilt als intelligenter Mann, aber Englisch lernen will er nicht. Dafür übt er sich als Haushaltsvorstand und verfasst Zettel, die er mit »Böser an Süße« überschreibt. Er ist der Böse, der nach ausgedehnten Kneipenbesuchen oft spät nach Hause kommt, sie die Süße, die halbe Nächte auf ihn wartet und sich Sorgen macht.

Böser an Süße

Guten Morgen! Ausgebabat?
Bitte unbedingt Kohlen bestellen!
Bimsstein und Zahnpasta besorgen!
Fragen, ob die Wäsche fertig ist!
Kartoffeln als Bratkartoffeln vorbereiten!
Eintopf kochen, da heute SED-Gruppenversammlung ist! Werde gegen 20 Uhr hier sein.

Küsschen
Böser

Willi denkt, er wäre der Herr im Haus. Ist er aber nicht, dazu ist Margit nicht die Frau; sie anerkennt keine Autorität, auch nicht die ihres Mannes.

Im Juli 2020 wird ein Zeichen gegen das Vergessen gesetzt. Ein alter Mann steht vor dem Hamburger Landgericht, das heißt, er sitzt im Rollstuhl vor der Jugendstrafkammer, weil er erst siebzehn war, als er von August 1944 bis April 1945 als Wachmann im KZ Stutthof tätig gewesen ist, er stand oben auf dem Wachturm, er hat alles gesehen. Bruno D. ist dreiundneunzig und verbirgt sein Gesicht. Das Urteil »wegen Beihilfe zum Mord in 5232 Fällen«: eine Haftstrafe von zwei Jahren auf Bewährung. Jugendstrafe.

Könnte Judys Vater so ein Wachmann gewesen sein? Er schwieg und begrub, was er tat und was er nicht tat, in seiner kranken Seele.

Judy ist inzwischen viel älter, als Margit und Willi je wurden. Sie kann sich gegen das Gefühl nicht wehren, dass ihre Eltern ihre Kinder sind, auf die sie nicht aufgepasst hat. Kinder, die ihr Leben verpasst haben, weil der Krieg dazwischenkam. Kinder, die nicht auf sich aufgepasst haben. Kinder, die nicht erwachsen wurden ...

Willis Unglück war immer anwesend, Margit konnte es irgendwann nicht mehr aushalten. Die schlaflosen Nächte, in denen er nicht nach Hause kam, die Angst, dass ihm etwas zustoßen könnte, das peinliche Lügen morgens am Telefon. Damals fing er an, exzessiv zu trinken, drei Tage hintereinander, ein Quartalssäufer.

Er ist krank, sagte seine Frau, wenn Kollegen anriefen und nach ihm fragten. Am Morgen des vierten Tages fuhr er, akkurater denn je, ins Büro.

Die Abstände zwischen seinen Touren wurden kürzer. Er fiel und fiel, niemand konnte ihn aufhalten. Man erteilte ihm Rügen, verwarnte ihn und schloss ihn schließlich aus der Partei aus, sein Verhalten widersprach den zehn Geboten der sozialistischen Moral, das Ministerium kündigte ihm.

Er arbeitete nun als Vertreter der Erzeugnisse einer Pantoffelfirma, am Ende war er Beifahrer bei der Berliner Brauerei.

Als er Margit und Judy verließ, um zu Doris, einer Friseurmeisterin, zu ziehen, in die er sich verliebt hatte, begann Judy, ihren Vater zu vergessen, obwohl er in derselben Stadt lebte. Ihre Mutter, die wohl keine Liebe mehr, aber noch Verantwortung fühlte, war erleichtert, ihn bei einer Frau zu wissen, die handfester war als sie, also besser auf ihn aufpassen konnte.

Jahre später begegnete Judy ihrem Vater auf der Straße, da war er schon ganz runtergekommen.

Lederschlipse sind doch nicht mehr modern, Papa, sagte sie, weil sie nichts anderes wusste. Ihr Vater errötete.

Durch einen Zufall sah sie nach Jahrzehnten ein Foto von ihm und seiner neuen Frau, die schüchtern aussieht auf dem Bild und glücklich. Margit hatte immer herablassend von der »Frisöse« gesprochen. Obwohl sie froh war, dass jemand sich um Willi kümmerte, war sie eifersüchtig. Seit Judy das Foto gesehen hatte, dachte sie anders über ihren Vater und seine neue Frau.

Nach seinem Tod erscheint der Vater ihr in immer demselben Traum. Er trägt die Luftwaffenhelferuniform wie auf einem der wenigen Fotos, die es noch gibt aus Willis Leben, alle anderen Familienfotos sind in der Friedeberger verbrannt. Seine hellen Augen blicken sie an. Er steht in einer Reihe mit anderen deutschen Soldaten, an einer Wand lehnen todgeweihte Männer und Frauen, Partisanen. Die Frau mit dem roten Kopftuch, die Willi ins Visier nimmt, fällt um. Willis Augen sind voller Entsetzen: Warum fällt sie um, ich habe doch gar nicht geschossen, ich war ja nicht mal bei der Musterung ... die hatten mich doch vergessen.

Von Weitem ist ein Akkordeon zu hören: »Dunja, unser Blümelein, trägt ein rotes Tüchelein. Hej, Dunja, Dunjaja, Komsomolitschka moja ...«

Halbzart

Es spricht die kalte Schönheit auch aus dir, die nichts erzeugt als ihren eignen Willen. (Clemens Brentano)

Judys feinere Freundinnen gingen weder auf den Rummel noch in den Saalbau Friedrichshain, so was war denen zu gewöhnlich. Sie strebten nach Höherem, nach Petticoats und passenden Ballerinas vom Kudamm und jungen Männern, die bald Jura oder Medizin studieren würden. Wichtiger noch war, dass diese jungen Männer Anzüge aus schwarzer Popeline trugen.

Isa war so schön, dass Judy sich fast in sie verliebte. Ein Vierteljahr später bewarb Isa sich beim Deutschen Modeinstitut und wurde dort als »Putte« angestellt, als Mannequin also. Sie war eine Weile Judys beste Freundin. Bis sie versuchte, ihr Henri wegzunehmen. Judy und zwei Freundinnen waren Fotomodelle bei der »Sibylle«. Einige ihrer Modefotos erschienen unter dem Titel »Halbzart«. Das Schönheitsideal wandelte sich schnell.

Sackkleider! Ja, Sackkleider! Es gab nichts Amüsanteres als an einem milden Sonntagnachmittag in einem Sackkleid auf einer langen stillen Straße im Prenzlauer Berg zu spazieren. Das Publikum, das, auf Sofakissen gelehnt, aus dem Fenster hing, schimpfte: Ihr blöden Gören mit euren blöden Sackkleidern, ihr seid hässlich! Sie schrien nach Taillen, weil sie selber keine hatten. Die Halbzarten lachten: Besorgt euch erst mal ordentliche Sofakissen, ihr Spießer!

Für die Halbzart-Fotos war eine Reise nach Stralsund nötig. Dort wohnte Judy zum ersten Mal in einem Hotel. Wenn man seine Schuhe abends vor die Tür stellte, waren sie am nächsten Morgen geputzt. Wenn das kein Aufstieg war!

Leider war das Wetter ungünstig für Strandfotos. Regen, Sturm und kühle zehn Grad, dazwischen schüchterne Sonnenstrahlen. Sie fotografierten nur an einem Tag und reisten am nächsten wieder ab. Auf der Doppelseite in der »Sibylle« sah es später aus, als wäre alles bestens gewesen – Sommer, Sonne, großes Lachen.

Die geteilte Stadt und doch die eine. Zwei Welten und doch die eine. Getrennt, doppelt, verfeindet, konkurrierend. Liebe, Hass, Bewunderung. Schön ist es, mit Tante Edith aus Steglitz an einem windigen Herbstabend an einer von bunten Lämpchen erleuchteten Bude Westwürstchen zu essen und dabei Westbenzin zu riechen. Im Osten gibt es Bockwurst ohne bunte Lampen, der Westen hat so viele Lämpchen, dass er den Osten gleich mit erhellt, der Westen ist der Lampion über dem Alltag der Ostberliner. »Nicht das sehen, was man sich vielleicht wünschen mag, sondern, was wirklich ist«, schrieb Tante Edith in Judys Poesiealbum.

Judy sieht, was ist, sie sieht aber auch, was sie sich wünscht. Sie wünscht sich »eine Welt, in der alle Menschen gleich sind, ein Land, in dem jeder werden kann, was er will, ein Land, in dem ein Mechaniker so viel wert ist wie ein Ingenieur, eine Krankenschwester so viel wie ein Chefarzt, ein Arbeiter genauso viel wie ein Werkleiter«. Das schreibt sie in ihr Tagebuch.

Die pathetische Überzeugung, im Augenblick des Beginns zu leben, trägt sie durch die Fünfzigerjahre. Die Übergänge zwischen Ost- und Westberlin sind fließend. Man geht hier zum Friseur, da ins Kino, isst hier ungarisches Gulasch und zieht dort »Werthers Echte« aus dem Automaten. Judy braucht nur eine Oststraße geradeaus zu gehen, schon ist sie im Westen.

Die Bernauer Straße im Wedding ist ihr Eldorado, eine Anhäufung von Wechselstuben und Billigbuden, vollgestopft mit grasgrünen Mohairpullovern, die auf Drahtbügeln im Westwind schaukeln, zusammen mit Nylonblusen, Eloxalketten und Bergen von Navelapfelsinen. Dieser Jahrmarkt aus Traum und Plunder ist für immer mit dem Beginn ihres Lebens verbunden. Ostwestkind. Die Startlöcher sind doppelt gepolt, mit dem einen Fuß im Osten, mit dem anderen im Westen. »Bau auf, bau auf, Freie Deutsche Jugend, bau auf«, und um die 58er-Taille ein schwarzer Gummigürtel aus dem Westen.

Der Wechselkurs steht eins zu vier, eins zu fünf oder eins zu sechs, meist reicht es nur für Storck-Riesen, die dicken Sahnebonbons, ein Riese kostet zwei Westpfennige. Für Eintrittskarten in das Grenzkino Atlantic muss es auch noch reichen, später für den Jazzkeller »Eierschale« am Breitenbachplatz wenigstens für eine Coca Cola.

Zu Fuß im Wedding, im Auto vor den Schaufenstern des alten Westens. Judys Tagebuch-Eintragung: »Wunderbares Wetter heute, war mit Isa am Kurfürstendamm. Haben Bertelsmann getroffen und sind mit ihm in der Stadt rumgefahren. Komischer Kauz, sieht aber ganz gut aus.«

Wer war dieser Mann, fragt Judy sich heute, der sich – vermutlich der Einfachheit halber – als Bertelsmann vorgestellt hatte? Einer aus der Bertelsmann-Dynastie, Reinhard Mohn, »der rote Reinhard« womöglich? Sie hat keine Ahnung, mit wem sie da spazieren gefahren waren.

Weltenwechsel

Liebe ist die gemeinsame Freude an der wechselseitigen Unvollkommenheit. (Ludwig Börne)

Judy war siebzehn, als sie Henri traf. Am Nachmittag hatte sie in der Redaktion der »Sibylle« Modell gestanden für Modefotos. Scheinwerferlicht, Schminke, Posen. Alle waren nervös, auch die Entwerferinnen und Redakteurinnen, nur Fotograf Fieweger behielt die Ruhe.

Über ihren Aufstieg zum Fotomodell konnte sie nur staunen, sie fand sich nicht schön genug, dünn genug war sie zweifellos. Pro Foto verdiente sie fünfunddreißig Mark, das schien ihr sehr viel Geld, außerdem machte diese durchaus von Glanz überstrahlte Tätigkeit Eindruck auf Klassenkameraden, Freundinnen und Männer. Mädchen, die in der »Sibylle« abgebildet waren, galten als begehrenswert.

Nur der Sportlehrer zeigte sich unbeeindruckt. Judy konnte das Gleichgewicht auf dem Schwebebalken nicht halten.

Auf dem Laufsteg geht's wohl besser?, spottete er.

Viel besser, antwortete Judy, Sie können es ja auch mal probieren, Herr Kreidermann, falls man Sie nimmt bei der »Sibylle«.

Nach den Fotoaufnahmen war Judy mit drei ihrer Freundinnen im Pressecafé in der Friedrichstraße verabredet.

Ausweis vorhanden?, fragte die Serviererin routiniert, denn Ostberliner mussten nachweisen, dass sie als Ansässige berechtigt waren, ihr Glas Tee mit Ostgeld zu bezahlen.

Die Freundinnen tranken viel Tee, teilten sich zwei Gin Fizz und beschlossen, später noch in die Möwe zu gehen. Was erleben war das Motto des Abends, schön aussehen, Künstler treffen, flirten.

In die Möwe, den Klub der Film- und Bühnenschaffenden, kam man als Nichtkünstler nur rein, wenn ein Künstler einen Nichtkünstler als seinen Gast einschrieb. Die Freundinnen gingen die Künstlerliste durch.

Hier, den kenne ich, sagte Marina und tippte auf den Namen Henri Wolter.

Die Garderobenfrau meinte: Na, dann holen wir den Henri doch mal runter!

Sie rief oben in der Bar an, und blitzschnell erschien ein dünner Mann in grün-schwarz gestreiften engen Hosen, der nahm drei Stufen auf einmal. Oder auch vier. Eine durfte er mit nach oben nehmen, eine, aber sie waren vier Mädchen, alle hübsch.

Ich sitze oben mit drei Freunden, die sind auch alle hübsch, sagte der Mann auf der Treppe.

Na, dann holen Sie die doch auch runter, beschied die Garderobenfrau.

So kam es, dass Judy Henri kennenlernte. In der Bar, die den riskanten Charme der Zwanzigerjahre konservierte, bestellten die Männer Rotwein, viel Rotwein. Henri füllte ein bisschen zu eifrig Judys Glas auf.

Ich werde aber nicht betrunken, sagte sie, um falschen Erwartungen zuvorzukommen.

Ein Quartett spielte »Ich hab so Heimweh nach dem Kurfürstendamm«, gesungen wurde »Ich hab so Heimweh nach dem Schiffbauerdamm« – sie befanden sich im stolzen Osten.

Henri sah aus, wie Judy sich einen Franzosen oder einen Italiener vorstellte, obwohl ihr Typ eher so was wie Marlon Brando war, aber Henri hatte einen so außergewöhnlich schönen Hinterkopf, dass sie Marlon Brando vergaß. Henri hatte Charme, das Wort kam damals häufig vor, Charme – der cremige Begriff wurde im Laufe der Jahrzehnte abgelöst wie Frankreich von Amerika, man sagt jetzt: Der ist nice.

Es wurde ein aufregender Abend, den Judy nicht bis zum Ende mitmachte, denn sie musste um elf zu Hause sein, hatten die Eltern bestimmt.

In ihrer Handtasche fand sich ein Zettel von Henri: »Morgen, 18 Uhr, Trichter«. Vermutlich fasste er vom ersten Augenblick an den Entschluss, sie zu heiraten. Heiraten? Wie kam er denn auf so was? Schon das Wort »heiraten« assoziierte bei Judy das noch langweiligere Wort »verloben«: Verlobte sitzen dicht nebeneinander auf dem Sofa der künftigen Schwiegereltern, trinken dünnen Kaffee, essen trockenen Kuchen und schwitzen.

Wechsel von der Jungmädchenrunde in die Theaterwelt, vom Küchentisch der Großeltern ins mondäne Ganymed, von den Jungs der Oberschule zu den erwachsenen Männern in der Künstlerkneipe, vom Saalbau Friedrichshain in die Möwe. Von den engen Zimmern der Eltern und der Großeltern in die hohen Räume mit den hohen Flügeltüren, die Freunde Henri überließen, wenn sie unterwegs waren. Judy wechselt die Welten.

Ein Palais mit Marmorkamin und AFN-Musik aus dem Radio. Die nach Tschechows »Tschaika« benannte Möwe gab es seit Juni 1946, gegründet von Major Alexander Mosjakow; unter den ersten Gästen waren Bertolt Brecht, Hanns Eisler, Gustaf Gründgens, Helene Weigel, Sophia Loren, Yves Montand, Carl Zuckmayer, Eduard von Winterstein und sonstige Berühmtheiten.

Henri kannte den Klub länger als Judy, er war schon fünfundzwanzig, Judy besuchte noch die Oberschule. Der acht Jahre ältere Henri wartete öfter vor der Schule auf sie.

Dein Ghandi ist wieder da, riefen die Jungs aus ihrer Klasse ihnen nach, sie fühlten sich schlecht behandelt, immerhin waren sie schon siebzehn.

Seit jenem Abend in der Möwe im September 1958 trafen sie sich täglich.

Die Möwe, erklärte ihr Henri, sei eine Art Übungsgelände für Poseure und Weltschmerzsüchtige. Er zeigte Judy ein Milieu, das sein Milieu war und mit überwältigender Wucht über sie hereinbrach. Da war das grau glitzernde Brecht-Theater am Schiffbauerdamm, da war die von Helene Weigel eingerichtete Theaterkantine mit den Durchsagen für die Schauspieler, die unaufhörlich Witze erzählten. Dennoch schafften sie es immer pünktlich auf die Bühne. Manche von ihnen sahen interessant aus, andere hatten Talent.

Und da war der Trichter am Schiffbauerdamm, wenige Schritte entfernt vom Berliner Ensemble. Judy saß dort jeden Abend auf dem Sofa und studierte, beschützt und geliebt von Henri, das fremde romantische Milieu.

Der Trichter war eine schmucklose, beinahe unbehagliche Kneipe mit trübem Deckenlicht, die zum beliebten

Künstlerlokal geworden war. Der Wirt, Herr Lukasch, war autoritär und kochte gut. Seine Gäste waren Stars und Eleven, aufsteigende Schauspieler wie Armin Mueller-Stahl, Hartmut Reck, Wolf Kaiser, der fünfhundert Mal den Macki Messer spielte und nach der Wende aus dem Fenster seiner Wohnung in der Friedrichstraße sprang. Nicht zu vergessen der rotblonde Stefan Lisewski, der eigentlich nach Hollywood gehört hätte, »doch die Verhältnisse, sie sind nicht so.«

Da waren schlaue Dramaturginnen und attraktive junge Schauspielerinnen, die sich auf der Bühne behaupteten und dennoch für manche Männer die prosaische Aufgabe übernahmen, deren Oberhemden zu waschen und zu bügeln.

Diese Männer brachten Mädchen wie Judy zum Erröten und leisteten sich zwischen Würfeln und Kartenspielen etliche Unverschämtheiten. Sie musste unter ihnen wie ein unberührbarer Fremdkörper gewirkt haben, wie sie da saß in ihrem roten Kleid mit dem plissierten weißen Harlekinkragen, die linke Hand lag gespreizt auf ihrem langen Hals, die rechte in Henris Hand. Unschuld und Schweigen, Unschuld und Neugier, Unschuldsengel unter Erwachsenen.

Judy sagte ein Vierteljahr lang kein Wort. Sie lernte, auf Glatteis zu laufen, ohne hinzufallen. Der rasante Milieuwechsel verlangte ihr einiges ab – genau beobachten und daraus die richtigen Schlüsse ziehen, niemals beleidigt sein, empfindsam, aber nicht empfindlich. Das Verhältnis zwischen Männern und Frauen richtig einschätzen, was ist eine Beziehung, was nur ein Spaß.

Der Trichter, die Möwe und die Kantine vom Berliner Ensemble waren für Judy Klassenzimmer, in denen sie

Selbstbewusstsein und Sicherheit, Verbindlichkeit und Distanz lernte. Dass sie so jung war, wie sie war, verschaffte ihr einen nicht zu übersehenden Vorsprung an Aufmerksamkeit und Sympathie. Bevor sie ihr mittelmäßiges Abitur abgelegt hatte, auch Reifeprüfung genannt, lernte sie auf diese Weise in der Schule des Lebens, die ihre Sehnsucht nach Leichtigkeit bediente, ohne ihre Neigung zur Melancholie infrage zu stellen.

Henri wollte Judy jeden Tag sehen. Sie wurde seine Muse, die geduldig und bewundernd in seinem schmalen Untermieterzimmer neben ihm saß, während er Bühnenbild-Entwürfe zeichnete, Plakate entwarf und Programmhefte. Judy liebte Henri am meisten, wenn er arbeitete. Wenn sie sah, wie er zeichnete. Wenn seine kräftigen Hände ein misslungenes Blatt unwirsch in den Papierkorb beförderten. Wenn sie die Erotik spürte, die sich aus der Anstrengung entwickelte.

Sein Leben lang bevorzugte er das kleinste Zimmer, in welcher Wohnung sie auch immer hausten. Henris Urmodell, sich wohlzufühlen, war das schmale Untermieterzimmer bei Frau Hoffmann im Hinterhaus in der Friedrichstraße 125, er hatte es nach Brechts Tod bezogen.

Dass Brecht ihn genommen hatte, konnte Henri, solange er lebte, nicht begreifen. Er erzählte es Judy, bruchstückhaft:

Sie dürfen jetzt rauf, sagte der Pförtner zu dem mageren Zwanzigjährigen im Trainingsanzug, der Ende des Jahres 1953 eine Treppe hochging und an eine Tür klopfte.

Eine graue Gestalt mit Mütze kam auf ihn zu und streckte ihm die Hand entgegen.

Guten Tag, sagte die Gestalt, Brecht.

Das war, erzählte Henri, als wenn einer auf dich zukommt in einer weißen Toga, dir die Hand gibt und sagt: Jesus. Das kann man sich heute nicht mehr vorstellen. Was sein Name, was sein Werk damals bedeutete. Es war das vollkommen Andere. Gegen das Spießertum, gegen das Restaurative. Es war die Helligkeit seines Intellekts, die da wirkte, sagte Henri.

Die Bewerbung bei Brecht war ein tollkühnes Unterfangen gewesen. Henri, der die Bezeichnung »Brecht-Schüler« niemals für sich beanspruchte, hatte jede Zeile von ihm gelesen, und er teilte seine Begeisterung für Caspar Neher, den Freund und Bühnenbildner aus Augsburg.

Als Brecht hörte, dass der junge Assistent es sehr weit hatte zu seinem Zimmer in Pankow, überließ er ihm das repräsentative Turmzimmer im Theater. Es war ein Verhältnis wie zwischen Vater und Sohn.

Henri liebte Frauen und Weltstadtflair, er lebte jetzt schließlich nicht mehr in Leipzig, sondern in Ostberlin, wo die vom Nachkrieg bestimmte Vergnügungsmeile Friedrichstraße, Weidendammer Brücke, Schiffbauerdamm, Marienstraße kurz und bündig gewesen ist, aber voller Versprechen. Ab 1954 drehte sich auf dem Turm des Schiffbauerdamm-Theaters das Emblem des Berliner Ensembles unter dem Ostberliner Abendhimmel, doch dessen Erfinder war betrübt: Nur einen Meter höher, und man hätte das Emblem bis nach Westberlin gesehen! Es war der Glamour des Politischen.

Das Symbol des Berliner Ensembles war Picassos weiße Friedenstaube auf dem Bühnenvorhang. Die vergrößerte Drehbühne lief auf zweiunddreißig Rädern eines sowjetischen T-34-Panzers.

»Mutter Courage und ihre Kinder« mit Helene Weigel war Judys erstes Brecht-Stück. Henri schenkte ihr die Kassette mit den Texten, den Aufführungsfotos, den Anmerkungen. Sie sangen zusammen die Lieder: »Das Frühjahr kommt. Wach auf, du Christ! Der Schnee schmilzt weg. Die Toten ruhn. Und was noch nicht gestorben ist, das macht sich auf die Socken nun.«

Es war nicht nur das Turmzimmer mit Blick auf den Platz vor dem Theater, das Brecht Henri zur Verfügung stellte. Es war nicht nur der Schlüssel für seine Wohnung, den Brecht ihm gab, und nicht nur die Manuskripte und Caspar-Neher-Zeichnungen, die der Assistent für ihn ordnen durfte und über die er mit Brecht öfter sprach. Es war auch das Dienstmädchen Lisa, das wie er die Theaterferien in Brechts Haus in Buckow verbringen durfte, sie waren beide einundzwanzig, und Brecht war ein alter Mann, der das junge Pärchen »ertappte«.

Lisa erinnerte sich gern an den Nachmittag in Buckow, als Helene Weigel und Brecht in Berlin waren und Henri sich, übermütig nach ein paar Gläsern Wein, in Brecht verwandelte, mit Mütze, Brille, Stock und Gangart.

Vielleicht war er doch ein bisschen eifersüchtig, erzählte Lisa fünfzig Jahre später, vielleicht hat er sich ausgeschlossen gefühlt, vielleicht wandelte ihn, als er uns so sah, das Gefühl an, dass er alt war; zwei Jahre später ist er nimmer da gewesen.

Elisabeth Hauptmann hatte Henri erzählt, dass sich Brechts letzte Worte auf dem Sterbebett auf ihn bezogen, den jüngsten Assistenten.

Hier läuft doch so ein italienischer Typ rum, bemerkte Erich Engel, der »Das Leben des Galilei« inszenierte, und er bat Henri, die Rolle des Cosmo de Medici, Großherzog von Florenz, zu übernehmen, im Brokatanzug, mit ausgestopften Waden beim Gastspiel auf der Bühne des »Sarah Bernard« in Paris.

Ich konnte weder sprechen noch mich bewegen, erzählte Henri, ich habe bis zur Premiere nicht geglaubt, dass die mich auf die Bühne lassen.

Judy sieht sich zuweilen das alte Probenfoto an, mit Regine Lutz, Ernst Busch, Erich Engel und ihm. Henri als Großherzog von Florenz hatte wenig zu sagen, doch trug er das prachtvollste Kostüm von allen, einen Don-Juan-Anzug.

Oh, le prince!, raunte entzückt eine junge Französin nach der Vorstellung im Theatercafé.

Helene Weigel schenkte Henri nach Brechts Tod dessen bayrischen Lodenmantel. Den allerdings ließ er eines Abends im Auto eines Freundes zurück, um das Garderobengeld in der Nachtbar Koralle zu sparen. Als sie nach ein paar Stunden zurückkehrten, war das Auto aufgebrochen und der Mantel weg. Wäre das nicht passiert, hätte Henri die Reliquie vermutlich bis an sein Lebensende getragen.

Judys Familie mochte Henri. Der hatte kein Geld, aber er kannte Brecht, das reichte. Wenn er kam, um Judy abzuholen, zog die Großmutter ihren schwarzen Rollkragenpullover an, ein bisschen Existenzialismus fand sie nicht so schlecht. Der Großvater steckte Judy fünf Mark zu, damit das junge Paar im Pressecafé in der Friedrichstraße Tee trinken konnte. Willi lächelte verständnisvoll, und Margit sah sich ihrem Backfischtraum vom Künstlerleben ein Stück näher. Was Judy da ins Haus gebracht hatte, genügte ihrer aller Sehnsucht nach Höherem; die Oma war völlig aus dem Häuschen. Sie hatte schließlich mal die Elektra gespielt in dem Theaterverein, den Georg, ihr Mann, gegründet hatte und dem er als Intendant, wohl eher als Inspizient, so lange vorstand, bis der Verein sich auflöste, weil die jüdischen Mitglieder abgeholt und deportiert wurden.

Oma als Operndiva? Die Rolle der Elektra verlangte ihr einiges ab an dramatischem Temperament, es ging um Leid und Rache, Erna liebte Tragödien. Die Elektra blieb ihr Leben lang in ihr, sie war gerecht, liebevoll und hysterisch.

Die Liebe ist ein seltsames Spiel

Die Sehnsucht scheint mir die einzig ehrliche Eigenschaft des Menschen. (Ernst Bloch)

Henri musste weg von diesem Theater, wo es Brecht nicht mehr gab, von dem Platz, wo der Verehrte gelebt und gearbeitet hatte. Er verließ das Berliner Ensemble und ging für zwei Jahre ins Trickfilmstudio nach Dresden, um zu lernen, wie man Trickfilme macht, nicht für Kinder, sondern für Erwachsene. Er verehrte den tschechischen Trickfilmer Jiří Trnka. Henri plante einen Animationsfilm über das Kapital von Karl Marx.

Die Dramaturgie des Studios konnte nichts mit dieser ausgefallenen Idee anfangen, sie war irritiert. Henri drehte stattdessen den Kinderfilm »Die große Tasche«. Er lernte dabei, Phasen zu zeichnen und mit Fotografie umzugehen. Er gewöhnte sich an die Dresdner Kollegen und den Jazzklub »Grüner Kakadu« auf dem Weißen Hirsch. Die Möglichkeit, mit Judy in Dresden zu leben, verwarf er.

Woher kam Henris Besessenheit, ein siebzehnjähriges Mädchen heiraten zu wollen? Hatte er Angst, dass sie mit einem anderen wegliefe, war er abergläubisch oder gar gläubig, spielte das Datum ihres Kennenlernens, es war der 6. September 1958, eine mystische Rolle? Henri kannte die Bibel in- und auswendig, er war das, was man bibelfest nennt, und doch Atheist und überzeugt von der sozialistischen Utopie, obwohl er erlebt hatte, wie einige Parteifunktionäre gegen das Brecht-Theater vorgingen.

Helene Weigel kommentierte es so: »Wir waren nicht das, was sie wollten, aber sie wollten auch nicht verlieren, was sie mit uns hatten.«

Henri und Judy sahen sich jede Woche. Einmal reiste er nach Berlin, einmal fuhr sie nach Dresden. Die Züge brauchten sechs bis sieben Stunden, mit langen Wartezeiten auf trüben Bahnsteigen. Jede Ankunft war begleitet von Wiedersehensfreude, jeder Abschied von Traurigkeit.

Das Untermieterzimmer befand sich direkt am Bahnhof Dresden-Neustadt, die ganze Nacht ratterten Züge und transportierten Geschichten von Liebe und Leid. Warum wirken Bahnhöfe so schicksalhaft, und warum fühlen sich Liebende immer wie in einem Stummfilm?

Henris Vermieterin putzte ihre Wohnung blitzblank. Judy musste aufpassen, dass sie auf dem glänzenden Linoleum keine Spuren hinterließ. Die Vermieterin kannte kein Pardon, und Henri war interessiert, die blitzblanken Wünsche seiner Wirtin zu erfüllen, denn sie kochte ihm jeden Morgen süße Haferflocken. Judy verstand das nicht, das mit den Haferflocken, Geborgenheit am Morgen, ja, aber doch nicht Haferflocken!

Der Zug, der manchmal aus Prag kam und manchmal aus Budapest, verspätete sich um fünf Stunden. Judy fuhr zurück nach Berlin, Henri blieb in Dresden, schrieb Briefe oder schickte von ihm gezeichnete Postkarten, jeden Tag.

DRESDEN, APRIL 1959

Meine Judy
Ich wusste, dass es unangenehm werden würde, ohne Dich zu sein, aber das Erlebte übertrifft meine schauerlichsten Erwartungen um ein Mehrfaches. Ich versuche, mir ständig einzureden, dass meine Sehnsucht nach Dir doch ein sehr erfreuliches Zeichen ist. Aber solange man sich hundeelend fühlt, fällt der Jubel über eine solche Entdeckung schwer. Ich muss Dir jedenfalls mitteilen, dass ich so etwas von herzzerreißender Sehnsucht zu irgendwem überhaupt noch nie empfunden habe.

Ich habe mich mehr an Dich gewöhnt, als ich ahnte. Wir haben uns in den nunmehr 239 Tagen unseres Verhältnisses nahezu jeden Tag getroffen, und ich habe mich jedes Mal auf Dich gefreut wie ein Sechsjähriger auf das Kettenkarussell. Wir sind beide kein Durchschnitt, weshalb es ein Glücksfall ist, wenn jeder von uns den richtigen Partner findet. Vielleicht wundert Dich mein so ungeheuer respektvolles Erstaunen über unser beider gutes Verstehen. Es dürfte aussichtslos sein, Dich vom Gegenteil überzeugen zu wollen. Weil ich der Erste bin, zu dem Du enge Beziehungen hast, fehlt Dir in diesem Punkt die Erfahrung, die ich mir sauer angeeignet habe. Es ist elend schwer, jemanden zu finden, mit dem man »überhaupt kann«, geschweige denn jemanden, von dem man sagen kann, der ist es und nichts anderes!

Denn so weit bin ich jetzt: Für mich ist es klar, dass ich mit Dir zusammenbleibe; wenn Du keinen

Strich durch die Rechnung machst. Ob in wilder oder zahmer Ehe, ob in Lebensgemeinschaft oder auf einer einsamen Südseeinsel, ist mir schnuppe. Du bist mit deinen 17 (nun gut, sagen wir 18 Babylenzen) möglicherweise zu jung, Dich zu entscheiden, aber mir, mit 25 Jahren, grauen Haaren und einem »Geschieden« im Stammbuch, wirst Du die Entscheidung nicht streitig machen wollen.

Du hast bewirkt, dass ich solide geworden bin, Du hast bewirkt, dass ich mich auf mich selbst besonnen habe. Ich bin meiner jetzt sicher, das verdanke ich Dir.

Vielleicht kann ich Dir klarmachen, wie sehr ich an Dir hänge, wenn ich Dir sage, dass ich ein Fremdgehen Deinerseits, wenn auch tief gekränkt und traurig, entschuldigen würde, was kein Freibrief ist, aber ich weiß, dass es mal passieren wird. Trotz allem brauchst Du nicht zu befürchten, dass ich eine Klette bin, und kannst sicher sein, dass ich unsere Beziehung sofort abbreche, wenn ich sehe, es geht nicht mehr.

Darauf einzugehen, bin ich jetzt zu müde.

Ich gebe Dir einen Gute-Nacht-Kuss und melde mich morgen wieder aus Dreckdresden.

Henri

PS: Als Du mich vor etlichen Monden fragtest, was soll ich werden, war ich, offen gestanden, absolut ratlos, ich habe kein Interesse an irgendwas bei Dir feststellen können. Ich habe nie erlebt, dass Du mal irgendwann selbstständig ein in Deine projektierten

Berufssparten fallendes Buch in die Hand genommen hättest, die es bei mir haufenweise gibt. Du weißt nicht, was Theater ist, außer, dass es einen Vorhang gibt, davor Publikum, dahinter Schauspieler, Du weißt nicht, was Journalismus ist, außer dass Zeitungspapier dünn ist und Druckerschwärze nach Teer riecht, Deine Deutsch-Eins hat dich vielleicht darauf gebracht. Journalistik – bei uns aussichtslos, vom Tagesgeschehen diktiert, also unwahr, im Übergang. Würde ich Dir nicht empfehlen.

Judy wurde melancholisch, als Henri ihr den Heiratsantrag machte, sie wollte sich nicht so früh festlegen, sie fürchtete sich vor der Langeweile des Erwachsenseins. Aber auch davor, keinen Besseren zu finden als Henri mit dem schönen Hinterkopf und einer Lebenshaltung, die man zu jener Zeit Laisserfaire nannte. Ihm eilte ein Ruf voraus: Der ist verkommen, der ist begabt, der sieht gut aus.

Judy und Henri werden lange, sehr lange, verheiratet sein – sie haben rund gerechnet neunzehntausend Mal zusammen gefrühstückt. Siebenundfünfzig multipliziert mit dreihundertfünfundsechs abzüglich Dienstreisen und sonstiger Absenzen. Neunzehntausend Mal demselben Menschen gegenübersitzen, neunzehntausend Mal als Erstes am Morgen sein Gesicht mit der tief eingegrabenen Zornesfalte sehen. Seine Art, in den Toast zu beißen, den Kaffee zu trinken aus einer Tasse, die gegen jede Regel links vom Teller zu stehen hatte. Seine Art, die Kiwi aufzuschneiden und das Herz der Frucht nicht mitzuessen, sondern Judy rüberzuschieben, ereignete sich erst nach dem Untergang der Deutschen Demokratischen Republik, konnte sich erst dann ereignen, denn Kiwis gab es im Arbeiter- und Bauernstaat nicht.

Henri ist der Mensch, den Judy am längsten und genauesten kennen wird. Sie kennen sich, soweit zwei sich kennen können. Die Grenze, die zwischen Menschen verläuft, sie bleibt: einmal zwei ist zwei.

Alain Badiou, französischer Philosoph, Mathematiker und Romancier, schrieb in »Lob der Liebe« einiges zum Übergang vom Zufall zum Schicksal: »Ich werde aus dem, was ein Zufall war, etwas anderes machen. Ich werde daraus eine Dauer, eine Hartnäckigkeit, eine Verpflichtung, eine Treue machen … Treue ist ein Wort, das ich aus seinem gewöhnlichen Kontext löse. Es bezeichnet den Übergang einer zufälligen Begegnung zu einer Konstruktion, die so fest ist, als wäre sie notwendig gewesen … Hat die Treue nicht eine viel beträchtlichere Bedeutung als das bloße Versprechen, nicht mit jemand anderem ins Bett zu gehen?

DRESDEN, MAI 1959

Da bin ich wieder. Auch wieder in dieser, ich muss es gestehen, schönen Stadt mit den unschönen Leuten, vor allem ohne Dich, also »Dreckdresden«. Heute habe ich zwei Stunden früher, also um sechs Uhr früh, mit der Arbeit angefangen, nur, um am Samstag in Deine träumerischen, etwas melancholischen Augen blicken zu dürfen, ich hoffe, Du weißt das zu schätzen.

Was weißt oder kannst Du bis jetzt? Nichts. Du bist eine mittelmäßige Schülerin. Gut, das waren

Bertolt Brecht, Thomas Mann u. a. auch. Wenn aber viele große Leute schlechte Schüler waren, so ist doch nicht gleich jeder schlechte Schüler ein großer Mann geworden.

Ich fing an, in der Schule schlecht zu werden, als sich meine speziellen Interessen aus dem Schlamm meiner Jugendjahre abzuheben begannen. Als ich mit Ach und Krach mein Abitur in der Tasche hatte, war ich auf dem Gebiet des Theaters fit, mir konnte keiner.

Wie Du bisher dastehst, wenn ich alle persönlichen Eigenschaften, die ich an Dir liebe, abziehe, bist Du nichts weiter als ein Mannequin mit Oberschule, das sind auch gute Eigenschaften, sicher! Du hast einen treffsicheren Geschmack, aber da das ja nicht zu Deinem Berufsziel gehört (was in dem Fall die Mode sein müsste), bleibt Dein Verhältnis zum Geschmack platonisch. In letzter Zeit hattest Du Dich ziemlich fest für das Theater entschieden. Das hast Du aber sofort ad acta gelegt, als das Berliner Institut aufgelöst wurde.

Wollen wir mal die echten Motive untersuchen in puncto »Theaterwissenschaft und Judy«, aber erst brauch ich eine Zigarette.

Das Theater heute steht hochinteressant da. Hand in Hand mit den Umwälzungen der Gesellschaft und dem beginnenden Siegeszug der roten Bande (die sich behaupten wird, wie B. sagt, »mit, ohne oder gegen das Kleinbürgertum«) hat sich eine neue Form des Dramas, der Dramaturgie und des Theaters notwendig gemacht. Diese Art, Theater zu spielen, wird vom Kleinbürgertum bekämpft (hier) und verleumdet (im Westen). Es bedeutet Kampf und Ärger, um sie durchzusetzen. Es bedeutet zum ersten Mal das bewusste Einsetzen der Politik, der dialektisch-materialistischen Philosophie für das Theater ...

Man braucht zur Durchsetzung dieses Theaters Leute, die
1. dem Kleinbürgerlichen abhold sind
2. dickköpfig sind
3. Spaß am Neuen haben
4. intelligent, natürlich auch künstlerisch sind
5. bereit sind, zu lernen.

Du hast alle diese Eigenschaften, ausgenommen Punkt fünf. Das mag daran liegen, dass Du nicht weißt, was für Spaß das machen kann. Ein Mann namens Brecht hat die nachweisbar richtigen Gesetze für das neue Theater erarbeitet, Du bist mit dessen Schülern befreundet und liiert, die Dir jede Auskunft und Anleitung geben können und gern geben würden, wenn Du Dich mit dieser unerhört reizvollen Materie beschäftigen würdest.

Lass Dir Folgendes durch den Kopf gehen: Du gehst im September in diesen Verlag in der Reinhardtstraße, lernst da, was Dir keinen Spaß macht, Dich aber selbstständig auf Deine aristokratischen Beine stellt. In der Zeit arbeiten wir gemeinsam, und ich mache Dich wetterfest für das Theater. Nach den zwei Jahren gehst Du auf die theaterwissenschaftliche Fakultät, wirst manchen Unsinn gesagt kriegen, verdienst dann nichts, aber ich bin bis dahin so weit, dass es für die Zeit deines Studiums für uns beide reicht. Ich komme hoch, wenn sich nicht alles gegen mich verbündet. Aber ich habe keine Lust, alleine hochzukommen, sondern mit Dir.

Und was macht Judy? Sie erdet alle Poesie auf ihre Art:

Mein lieber Henri,
es geht nicht, dass Du mehr oder weniger wie ein Penner rumläufst. Dein Wintermantel ist unmöglich und beinahe peinlich, deshalb würde ich Dir raten, den Sommermantel reinigen zu lassen, und zwar EXPRESS, denn Du kannst ihn jetzt schon tragen. Des Weiteren muss Deine Fußbekleidung eine entschiedene Veränderung erfahren. Du kannst Absätze nicht so weit runtertreten, dass der Schuster sie mit spitzen Fingern entgegennimmt. Und Socken, die sich wie bei alten Männern in Wellen legen, müssen aus Deinem Besitz verschwinden. Oberhemden, die noch getragen werden sollen, gehören auf einen Bügel, damit sie am zweiten Tag nicht aussehen wie aus der Schmutzwäsche gezogen. Und schließlich und endlich muss man sich ab und zu was Neues kaufen. Denn es geht nicht mehr, dass ich mich mit dem Gedanken tröste, dass Du auch anders aussehen könntest. Ich will keinen Dandy, aber einen gepflegten Mann. Ich weiß, dass Du mir meine Ermahnung nicht übel nimmst, aber ich hoffe, dass Du sie ernst nimmst. Denn Du willst »hochkommen«, und zwar mit mir. Das ist so schön.
Kuss Ju

Hier war jemand fest entschlossen, ein siebzehnjähriges Mädchen auf den richtigen Weg zu bringen, nämlich Theaterwissenschaft zu studieren, in Zeiten, als Brecht das Theater revolutioniert hatte, naheliegend, für das Mädchen jedoch nicht überzeugend. Judy interessierte sich für Mode, Dixieland und ihre süßen vertratschten Freundinnen, von denen eine Traudchen hieß. Wie Judy in ihrem frühen Tagebuch nachlesen konnte, teilte Traudchen den anderen mit: Judy passt nicht in unsere Kreise. Bums, da war sie, die Klassenfrage in der klassenlosen Gesellschaft, denn die Eltern vom klassenbewussten Traudchen besaßen einen Hutsalon und einen VW-Käfer. Und Traudchen trug Twinsets, die es nur für Westgeld gab. Judy hatte nicht so viel Ostgeld, um es im Kurs 1:4 oder 1:5 in Westgeld umtauschen zu können und sich dafür in der Bernauer Straße ein knallgrünes Twinset zu kaufen.

Judy darf alles

Liebe ist die Bevorzugung eines Menschen vor allen anderen. (Ernst Fischer)

Sie waren sechs Freundinnen, manche sechzehn, manche siebzehn Jahre alt, Judy mittendrin. Ihrem Tagebuch vertraute sie an:
1. Februar: Wir waren heute alle bei Klaus, haben getanzt und Eierlikör getrunken. Ich glaube, mit Klaus ist bald Schluss, er ist mir über.
3. Februar: Ich war heute mit Klaus im Kino, wir haben Geheimring Nippon gesehen. Ich bin wieder in Klaus verknallt.

So schnell ändern sich Gefühle. Die Mädchenrunde traf sich mindestens jeden zweiten Tag. Die sechs quatschten eine über die andere, die andere über die eine und die eine über eine ganz andere. Sie stritten sich über Jazz, weil sie ein paar Jungs kannten, die Musik machten. Einer blies Posaune, ein anderer Trompete, ein dritter spielte Klavier. Sie stritten, was besser war, Dixieland oder Modern Jazz.

Für Rock 'n' Roll waren sie nicht zu haben, sie mieden den Saalbau Friedrichshain, denn der Rock-'n'-Roll-Schuppen im Prenzlauer Berg war ihnen zu vulgär, nur Isa und Judy gingen dahin.

Einige der Süßen trugen Petticoats, Spitzenhandschuhe und besorgten sich Ballerinas vom Kurfürstendamm. Machten eine Ausbildung zur Stenotypistin oder zur Buchhalterin. Ihre Lieblingsthemen waren Jungs und Gummigürtel. Der Freundinnenkreis war ein Versuchsfeld. Die Mädchen probierten sich aus, Boshaftigkeiten inklusive: Was ist denn weiter dabei, wenn eine Freundin der anderen den Freund wegnimmt, sagte eine der Süßen ein halbes Jahr später, so eine große Liebe kann es ja nicht gewesen sein, sie hat doch noch andere nebenbei. Diese Bemerkung von Traudchen schrieb Judy wütend in ihr Tagebuch.

Ein Vorfall unterbrach die Unbeschwertheit der Mädchenrunde; Traudchens Bruder nahm sich das Leben. Er hatte sich unsterblich in Catrin verliebt. Die Liebe blieb unerwidert.

In der Regel wechselte Judy am frühen Abend von der Mädchenrunde zu Henri ins Untermieterzimmer, wo sie sich über ihre Freundinnen beschwerte, was Henri gelangweilt anhörte, weil er es schon öfter zur Kenntnis nehmen musste. Er tröstete Judy und nannte die Freundinnen Zicken.

Danach gesellten sich die Liebenden zur Theaterwelt, die sich im Trichter traf, um dort zu essen, Witze zu erzählen und Neuigkeiten auszutauschen. Der Unterschied: Dort waren erwachsene Leute, die meisten Schauspieler, aber auch Dramaturgen und Regisseure. Judy schwieg, staunte und lernte.

Als sie folgenden Brief schrieb, war sie acht Wochen zuvor achtzehn geworden. Sie kannte Henri ein knappes Jahr.

BERLIN, DEN 26. SEPTEMBER 1959

Liebster Henri,
ich habe viel nachgedacht, bin aber noch zu keinem Entschluss gekommen. Bleibe ich in Berlin, verliere ich Dich, bin also unglücklich. Komme ich nach Dresden, bin ich mit großer Wahrscheinlichkeit auch unglücklich (das liegt allerdings mehr in Deiner Hand).

Ich werde Dir jetzt erst mal die Schwierigkeiten aufzählen, die auftreten könnten, wenn ich nach D. käme. Sei mir bitte nicht böse, wenn ich Gründe anführe, die Deiner Meinung nach nichtig, kleinlich oder nebensächlich sind. Du wirst meinen, dass das alles hinter die große Entscheidung – Ja oder Nein – zurücktreten müsse. Mich beschäftigt das aber sehr, weil gerade die Nichtbeachtung einiger der folgenden Punkte zu einer dummen Enttäuschung führen könnte.

Wie lösen wir meinen Lehrvertrag, wo würde ich in Dresden arbeiten, ich würde auf keinen Fall ein Jahr verlieren wollen. Du müsstest Dein Geld in zwei Teile teilen, denn ich kriege nur 70 Mark Lehrgeld. Wir würden uns also sehr einschränken müssen, was mir – ich sage es ganz offen – und sicherlich auch Dir – nicht allzu leichtfallen würde.

Zum nächsten Punkt: Du hast in mir keinen selbstständigen Menschen vor Dir. Ich könnte nicht für Dich sorgen, Du müsstest es eher für mich. Dazu gehört auch (bitte, wenn Du willst, zieh die Stirn kraus und sage »Kleinbürgerin«), dass sich in Bezug auf Deine Bequemlichkeit nichts verbessert, sondern eher verschlechtert. Du müsstest Deine Sachen nach wie vor bei Deinen Eltern in Leipzig in Ordnung bringen lassen, ich wüsste noch nicht einmal, wie ich mit meiner eigenen Wäsche fertig werden sollte.

Ich hätte in Dresden keine Freunde, ich hätte nur Dich. Sag mal, meinst Du es übrigens ernst, dass Du Dein ganzes Leben lang mit keiner anderen Frau schlafen willst, oder ist das nur ein vager Vorsatz? Ich weiß, dass ich Kränkungen Deinerseits stets in bar zurückzahlen würde. Du müsstest mich mit der selben Aufmerksamkeit behandeln wie bisher (mich ödet es an, wenn ich sehe, wie manche Leute zusammenleben, die meisten, würde ich sagen).

Das sind einige der Gründe, deretwegen ich in Dresden sehr unglücklich werden könnte. Ich würde Heimweh bekommen. Natürlich würde ich auch in Berlin nicht glücklich sein ohne Dich. Was tun, es ist alles sehr, sehr schwer. Du hast schon recht, wenn Du gegen all das die Hauptsache hältst, nämlich, dass wir uns lieben. Bitte, Henri, schreib mir noch vor dem 6. September auf alle Punkte eine Antwort. Ich freue mich auf den 6., da kennen wir uns ein Jahr.

Deine Judy

Es gab nichts Besseres als Henri. Keinen lustigeren Spielgefährten, keinen unterhaltsameren Nachhilfelehrer in Musik, Kunstgeschichte und Literatur als ihn. Henri formte Judy, ohne sie zu verformen, er ließ ihr ihre selbstverständliche Intelligenz, ihre Verspieltheit, ihre Freude an komischen Situationen. Als Judy Journalistin wurde, las er als Erster ihre Texte und war nicht vorsichtig bei der Beurteilung. Das blieb ein Leben lang so.

Sie war der Mensch, den er liebte, er versuchte nicht, diesen Menschen zu verändern. Judy durfte alles. Sich über Henri lustig machen, über seine übertriebene Zitatlust lachen, mit Freunden unendliche Rollenspiele inszenieren. Manfred Grund mimte den Gasableser, Matthias Langhoff den Silberputzer, Jo Fritsche war Herbert von der Schiene, ein volkseigener Bahnarbeiter. Männer von Format, von Hause aus Bühnenbildner, Regisseur und Grafiker, sie verfügten vermutlich von Geburt an über Humor. Judy schätzte Henris intellektuelle Solidarität, seine Sensibilität und die latente Bereitschaft zum Rumalbern.

Heimliche Hochzeit

Denn wie man sich bettet, so liegt man, es deckt einen doch keiner zu. (Bertolt Brecht)

Judy hätte unter Umständen – Umstände, nach denen sie niemals suchte – auch einen besser situierten Freund gefunden, doch sie war davon überzeugt, dass Männer zum Liebhaben da sind, nicht zum Geldhaben.

Sie brauchten dringend eine Arbeiterrückfahrkarte zwischen Dresden und Berlin, die war für Verheiratete billiger. Also taten sie es. Ohne Ringe, ohne Trauzeugen, mit weißen Nelken. Es war an einem verregneten Oktobertag im Standesamt Prenzlauer Berg. Judy fürchtete, dass nun ihre Jugend vorbei wäre. Hätte sie das Tagebuch seiner Ex-Frau früher gelesen, hätte sie Henri nicht geheiratet. Hat sie aber, in eben dem lila Tanzkleid, das sie jeden Sonnabend beim Rock'n'Roll im Saalbau Friedrichshain trug.

Für die Hochzeit im grauen Herbst hatte Judy sich einen grauen Mantel gekauft, einer der beiden Ärmel war die Gabe eines Kollegen von Henri, auf dem Futter des Ärmels stand in Schreibschrift der Name des Spenders: »Fünfzig Mark von Lothar Barke, Trickfilmstudio Dresden.« Barke wusste nicht, dass er einen Hochzeitsmantel gesponsert hatte, denn Judy und Henri heirateten heimlich, die Ehe galt in diesem Milieu als spießig.

Was die beiden nicht davon abhielt, an ihrem Hochzeitsabend ins Ganymed am Schiffbauerdamm zu gehen, das Beste, was es damals im Osten der Stadt gab.

Im Ganymed trafen sie auf ein paar Leute vom Berliner Ensemble. Im Laufe des Abends erwähnte Henri, der Urkommunist – so wurde er damals genannt – nicht ohne Kalkül, dass Judy und er vor ein paar Stunden auf dem Standesamt gewesen seien. Die Freunde, bereits bei der dritten Flasche Stierblut, boten sich an, die Rechnung zu übernehmen, und es wurde ein lukullischer Abend. Pasta asciutta, davor eine Londonderry, danach ein Omelette Surprise, dieses Traumschiff aus heißem Eierschaum, warmen Kirschen und kaltem Eis, das aussah wie ein Mississippi-Dampfer auf glücklicher Fahrt. Bürgerlicher geht es nicht, mal abgesehen von der wunderbar proletarischen Pasta asciutta, denn in diesem Fall handelte es sich um das Einfachste auf der Welt, Spaghetti mit einer Soße aus Tomaten, Hackfleisch und Wurzelwerk, exklusiv serviert mit altem Silberbesteck.

So sieht Aufstieg aus, dachte Judy und sah zu, wie das Traumschiff am Ende erschöpft in sich zusammenfiel.

Henri und Judy waren die Jüngsten in dieser zufälligen Hochzeitsgesellschaft.

Judy passt nicht in unsere Kreise, flüstert sie kichernd Henri zu, du weißt, Traudchen hat das gesagt.

Die würden hier gar keinen Platz kriegen, diese Kleinbürger, flüstert Henri zurück.

Judy wusste zu dieser Zeit noch nicht, was und wer ein Kleinbürger ist, die Besitzer des Hutladens waren es gewiss, aber Erich Kästner eben auch. Was Judy sicher wusste, war, dass Henri sie immer beschützen würde, vor

Biedermännern und Funktionären, vor Unbildung und Opportunismus, vor Spießern, Angebern, Langweilern und Wohnungsamtsachbearbeitern. Leider aber nicht vor Frauen, denn Henri war ein Don Juan. Damit würde Judy es zu tun bekommen, etliche Traurigkeiten ertragen müssen und lernen, mit Widersprüchen zu leben.

An ihrem Hochzeitsabend hörte Judy zum ersten Mal das Wort Ménage. Dieses Wort kannte sie nicht, obwohl ihr Französischlehrer lange in französischer Kriegsgefangenschaft gewesen war.

Manfred Grund, der Bühnenbildner, rief dem Kellner zu: Une Ménage, s'il vous plaît! Tout de suite. Es handelte sich um ein verschörkeltes Kristallgestell für eine Gewürzmischung aus Essig, Öl, Pfeffer und Salz, nicht zu verwechseln mit einer Ménage à trois: die Schumanns und der junge Brahms. Diese Liebe zu dritt war platonisch, bezeugte Clara Schumann, als Robert, ihr Mann, gestorben war.

Die alten Musiker vorn neben der Garderobe spielten »Lippen schweigen, s' flüstern Geigen, hab mich lieb«, sie spielten das an vielen Ganymed-Abenden, passend zum Chateaubriand oder eben zu Ehren einer heimlichen Hochzeit. »Die lustige Witwe« von Franz Lehár passte zu vielen Anlässen.

Warum guckst du auf unserem Hochzeitsfoto eigentlich wie ein Heiratsschwindler?, fragte Judy Henri viele Jahre später, wollte ich dich schon immer fragen.

Ich gucke nicht wie ein Heiratsschwindler, ich blicke nachdenklich, ein reifer Mann, sagte Henri, du dagegen musstest nicht viel nachdenken, du hast einfach einen guten Griff getan, mit siebzehn.

Du warst ein Sonderangebot, sagte Judy, da greift man zu.

Ein Jahr zuvor hatte sie ihrem Tagebuch anvertraut: »Henri macht seltsame Vorschläge: Im ersten Jahr kann ich Dir nicht zumuten, dass ich fremdgehe, aber dass das mal vorkommt, darüber musst Du Dir im Klaren sein, schrieb er in einem seiner Briefe.«

»Wirklich sehr reale Aussichten!«, notierte Judy in ihrem Tagebuch, »aber ich glaube, damit ist man auf die Dauer glücklicher.«

Sie erschrak vor sich selber, als sie dies nach Jahrzehnten las. Es kam vor, einmal, zweimal, dreimal und öfter. Auf die Dauer glücklicher – wie kann man mit siebzehn so verdammt realistisch sein.

Später wünschte Judy sich, nie mehr siebzehn zu sein, auch nicht zwanzig, sondern Ende zwanzig, Anfang vierzig, Mitte fünfzig. Nicht so zerbrechlich, so unwissend, so unschuldig. Unsicherheit macht traurig.

Eine Woche nach der Heirat kam die Anfrage, ob Judy Lust hätte, Modefotos in einem weißen Hochzeitskleid zu machen. Weißes Hochzeitskleid? Das passte, weil es nicht passte, also sagte sie zu. Es gibt nun Bilder, auf denen sie wie eine richtige Braut aussieht, ganz in Weiß.

Auf Wiedersehen, Mäuschen

Mit einer Maus fing alles an. (Walt Disney)

»Tausche zwei tschechische Haushühner, goldhalsig, mit Mehrfachsaum, gegen vier Kampfhühner, lebhaft und frohwüchsig. Suche sechs Brabanter Bauernhühner, die einfach zu halten, freundlich und ruhig sind.«

Nach dem Abitur hatte Judy eine Lehre als Verlagskaufmann begonnen, wie man das damals nannte, beim Bauernverlag, der mitten im Theaterviertel residierte, da, wo heute die FDP wirkt, in der Reinhardtstraße.

Hauptsächlich ging es um Hühner, die gesucht und getauscht wurden: Wer tauscht drei federfüßige Zwerghühner gegen ein Holländer Haubenhuhn. Jeden Tag dasselbe, die gleichen Hühner, die gleichen Anzeigen, sieben Stunden lang. Judy fühlte sich alsbald selber wie ein Huhn, gelb, mit blauem Schwanz und guter Flugfähigkeit.

Der Verlag war langweilig, die Hühner auch. Die einzige Abwechslung bot der Eisladen gegenüber mit seinem einmaligen Johannisbeereis. Eine Viertelstunde Freiheit in der Mittagspause. Eis essen, Leute angucken, glücklich sein. Aber dann schnell zurück zu den Hühnern und der strengen Chefin, die den Lehrling Judy anleitete.

Nach einem halben Jahr – die Eltern hatten nichts dagegen – kündigte Judy den Hühner-Vertrag und fand eine

Anstellung als Empfangsdame im Ungarischen Pavillon am Alexanderplatz, ein schicker Laden, in dem das Bruderland mit der schönen Hauptstadt Budapest seine Produkte anbot. Es war der Abstieg von den Hühnern zu den Mäusen. Die Mäuse hatten die Herrschaft über die breiten Schaufenster und die verchromten ungarischen Kaffeemaschinen übernommen, bis der Kammerjäger kam und sie vergiftete. Da lagen sie nun, niedlich noch im Tod, große und kleine Mäuse, dicke und dünne. Mütter und Söhne, Mütter und Töchter.

Ein Herr, der eine ungarische Kaffeemaschine bestellen wollte, gab der Empfangsdame des Pavillons, also Judy, den angeekelten Hinweis: In Ihrem Schaufenster liegt eine tote Maus.

Auf Henris täglichen Postkarten aus dem Trickfilmparadies Dresden war nun jeden Tag eine Mäusemutter, die ihr totes Kind in den Armen hält und trauert, wie die Madonna auf der Pietà von Michelangelo. Präzise gezeichnet, vor allem aber traurig. Wer war die Mörderin der Mäuse? Judy natürlich, sie hatte den Kammerjäger bestellt. Sie fühlte sich schuldig. Die Mäuse taten ihr leid, es war deren Bestimmung, dass der Alexanderplatz neu bebaut wurde und sie an die Oberfläche mussten und ausgerechnet in den schicken Ungarischen Pavillon gerieten.

So mancher Aufstieg ist ein Absturz. Der Kunde, der die tote Maus im Schaufenster entdeckt hatte, verließ mit einer gut verpackten Kaffeemaschine den Mäuse-Pavillon und sagte im Hinausgehen zu Judy: Viszlat, Mäuschen, Wiedersehen, Mäuschen!

Judy war nach dem Abitur und dem Abbruch der Lehre als Hühneragentin im Ungarischen Pavillon gelandet, denn sie durfte erst mal nicht studieren, weil sie nicht in der FDJ war, und sie war nicht in der FDJ, weil sie aus den Jungen Pionieren ausgetreten war, und das nicht aus politischen Gründen, sondern weil zu viele Sitzenbleiber Pioniere geworden waren, diese Jung-Opportunisten wollten ihre Zensuren verbessern.

Der Schuldirektor konnte Grenzgänger nicht ausstehen, besonders nicht, wenn sie wie der Vater ihrer Banknachbarin im Westen mit Bananen handelten, von denen Judy hin und wieder eine abbekam, obwohl ihr Bananen nicht schmeckten.

Das hätte ich nicht von dir gedacht, dass du Geschenke von Grenzgängern annimmst, Judy, sagte der Direktor und deutete an, dass so was Folgen haben könnte. Und es hatte Folgen.

Judy erzählte ihrer Großmutter von dem fiesen Direktor. Die Wohnung der Großeltern befand sich direkt gegenüber der Schule, es gab Bouillonkartoffeln zum Mittag.

Ärgere dich nicht, du wirst schon deinen Weg machen, sagte die Oma. Judy löffelte die golden schimmernden Bouillonkartoffeln, freute sich über die neu angekommenen Autogrammbriefe von der Bavaria, aß noch einen zweiten Teller Bouillonkartoffeln und beruhigte sich.

Soll ich dir die Haare waschen?, fragte die Großmutter, du willst doch morgen sicher in den Saalbau gehen.

Ach ja, sagte Judy, morgen ist ja Sonnabend, ist denn noch genug »Immerblond« da?

Kalte Ente, kaltes Ende

Mein Vater gab mir das größte Geschenk, das ein Sohn bekommen kann, er glaubte an mich. (Jim Valvano)

In das Milieu des Bürgertums einzutauchen, hieß, die Schwiegereltern in Leipzig zu besuchen. Haus, Garten und vor allem scharf gebügelte, weiße Servietten, die Eindruck auf Judy machten. Bis sie bemerkte, dass sie nach dem Essen in einen Serviettenring gerollt und beim nächsten Mal wieder benutzt wurden. Auf dem unschuldigen Weiß klebten Flecke längst vergangener Soßen, was die Unschuld der Servietten infrage stellte. Auch die Hygiene war nicht gesichert, denn wem gehörte welche Serviette? Misstrauisch bewachte Judy ihre Serviette, die sie mit einem winzigen schwarzen Punkt heimlich kennzeichnete. Kurzum, sie kam mit dem Bürgertum zurecht.

Henris Mutter Annemone war blond, grazil und stets auf hochhackigen Goldpantöffelchen unterwegs. Die Dame des Hauses ähnelte der Ufa-Schauspielerin Lilian Harvey und organisierte die Festessen, die im Hause stattfanden. Sie bestellte silberne Platten, die vom Hotel International, früher und heute wieder Hotel Fürstenhof, geliefert wurden, Waldorfsalat, Hirschmedaillons mit Orangenkonfitüre und danach Kalte Ente. Letztere war in den Sechzigern modern geworden, sie ersetzte den obligatorischen Mokka am Schluss des Abends. Kalte Ente ist eine Bowle aus Wein, Sekt, Zitronen und Zucker, auf jeden Fall mit Eiswürfeln. Erfunden hat sie Clemens Wenzeslaus von Sachsen, er hat die Kalte Ente als »Kaltes Ende« anstatt des heißen Mokkas am Ende eines feinen Essens servieren lassen. In Amerika wurde sie Cold duck genannt und gab auch einem Jazz-Standard den Namen.

Judy war begeistert und fand die Kalte Ente sehr vornehm. Der Chef der Familie war ein weißhaariger Patriarch, den man nicht beim Mittagsschlaf stören durfte und der zu Hause keine Musik duldete, denn er hatte einen Beruf mit viel zu viel Musik: Er war Operndirektor, doch zu Hause wollte er nichts davon hören. Judy gab er den Rat, Sekretärin in Westberlin zu werden, was sie überhörte.

Friedrich war laut, amüsant und zuweilen kränkend.

Muttchen, dieser Sohn ist eine Niete, sagte er in Anwesenheit seiner künftigen Schwiegertochter, denn sein Sohn Henri hatte die Stelle an der Leipziger Oper gekündigt, um nach Berlin zu Brecht zu gehen.

Wenn du an dieses kommunistische Propagandatheater gehst, nimmt kein Mensch mehr ein Stück Brot von dir. Was Väter so sagen, wenn Söhne nicht mehr auf sie hören. Dabei schätzte Friedrich Brecht. Und eigentlich war er auch charmant.

Henri nutzte die Prominenz seines Vaters, um in der Bar »Die Postkutsche« Plätze für Judy und sich zu reservieren. Er meldete sich am Telefon als Intendant der Oper, verhandelte mit dem Chef, wobei er seiner Stimme eine gewisse Saturiertheit verlieh: Gut, dann schicke ich Ihnen die jungen Leute mal rüber. Und wenn Sie Opernkarten brauchen …

Judy hatte die Telefonzelle verlassen, weil Henris Begabung zur Verstellung sie derart zum Lachen brachte, dass solche Albernheit das wichtige Telefonat ungünstig beeinflussen könnte und der Abend in der Postkutsche womöglich nicht stattgefunden hätte. Aber er fand statt. Zu sehr später Stunde tauchte überraschend der Bildhauer Werner Stötzer auf, weil der nächste Nachtzug nach Berlin drei Stunden Verspätung hatte. In der Postkutsche, sagte der trunkene Bildhauer, sei es doch amüsanter als im Hauptbahnhof.

Kornblumenblaue Dielen in Berlin

Niemand hat die Absicht, eine Mauer zu errichten.
(Walter Ulbricht)

Hinterhof, Hochparterre, schwer vermietbar, Blick in wilde Sträucher. Eineinhalb Zimmer, Innentoilette – mehr konnte man nicht verlangen, Judy und Henri waren glücklich mit ihrer ersten Wohnung. Sie besorgten sich eine gebrauchte Liege, die sie Sumpfgondel nannten, weil sich in ihrer Mitte eine tiefe Kuhle abzeichnete, die davon zeugte, dass auf dieser Liege schon vor ihnen gelebt und geliebt worden war.

Die kornblumenblauen Dielen waren das Beste. Aus ihnen leuchtete der lichte Traum von einer eigenen Wohnung, die anders aussehen sollte als Wohnungen derzeit aussahen: braune Möbel, braune Fußböden, braune Fransenlampen, düstere Gemütlichkeit. Auch anders als die lächerlich modernistische Wohnung der Eltern.

Die Holzfußböden beider Zimmer hatte Henri in einem royalen Blau gestrichen, das Bücherregal – es existiert noch heute – ließen sie von einem gelernten Tischler bauen, die Speisekammer nutzten sie als Badezimmer.

Zum Waschen diente eine schwere alte Schüssel aus geblümtem englischem Porzellan und eine dazugehörige Wasserkanne.

Wollt ihr mir das Ensemble nicht verkaufen?, fragte der Freund, der genauso leidenschaftlich als Antiqitätensammler unterwegs war wie als Schauspieler.

Du musst nicht alles haben, Manfred, beschied Judy, du hast ein Badezimmer, wir haben eine Waschschüssel.

Ein Stahlschmelzer wie sein Vater sollte Manfred Krug werden. Was er wurde, war ein Schauspieler, der erst in zweiter Linie Schauspieler war. Erstens nämlich war er ein mutiger Mann, der sagte, was er für richtig hielt. Ein Mann, der eine Weile im Stahlwerk gearbeitet hatte, also glaubwürdig die Arbeiterklasse darstellen konnte: unerschrocken und schlagfertig, besserwisserisch und diktatorisch. »Spur der Steine«, der Defa-Film, von dem sich die Partei beleidigt fühlte und den das 11. Plenum der Partei verbot, sagt alles über die Fehler der DDR.

Manfred Krug sah auf eine proletarische Art aus wie Marlon Brando. Singen konnte er auch, mit einer verlässlich tiefen Stimme, die zwischen Jazz und Chanson bemerkenswert zärtliche Höhen erklomm. »Es steht ein Haus in New Orleans« und »Niemand liebt dich so wie ich« – große Gesänge, denen noch eine Menge Großes folgte.

Judy und Krug hatten in jungen Zeiten mal einen gemeinsamen Heimweg, sie liefen am späten Abend die Schönhauser Allee entlang, und Krug trug eine Art Kofferradio bei sich – oder war es ein tragbarer Plattenspieler? –, auf dem er »My Rosetta« sang, er stellte das Gerät so laut es ging, die Nachtgestalten der Schönhauser Allee zeigten Interesse. Judy fand seine Angeberei ein bisschen peinlich, aber schön war es doch.

Nicht so schön fand sie, wie Krug bei einem Essen im Ganymed in die blütenweiß gestärkten Servietten schnäuzte.

Henri tat so, als hätte er es nicht gesehen, Judy lachte ein Übersprungslachen.

Es war eine lebenslange Freundschaft mit Unterbrechungen, denn Krug war wegen der Biermann-Affäre in den Westen getrieben worden.

Meine beste Zeit hatte ich in der DDR, sagte er mal leise vor sich hin, während eines der gemütlichen Nachwende-Treffen in der Rankestraße, zu denen seine Frau Ottilie und er regelmäßig alte Freunde einluden. Manfred Krug war das Idol einer Gesellschaft, die anders sein wollte, anders werden wollte, ganz anders.

Auch Judy und Henri wollten anders sein, wollten anders leben. Mit weißen Wänden und Plakaten der russischen Avantgarde. Daj katschestwo! – Liefere Qualität! Übernimm du die Verantwortung!

Henri liebte die Russen, ihre Filme, ihre Revolution. Leben mit Eisensteins Panzerkreuzer Potemkin, den Gedichten von Majakowski – und den Stieren von Picasso. Und mit einer weißen Stehlampe, die ein Student der Kunsthochschule Weißensee entworfen hatte und die das Fanal der Moderne an und für sich war. Unter dem sonnigen Licht dieser Lampe tranken sie Nordhäuser Doppelkorn und hörten den Linken Marsch:

Brecht das Gesetz aus Adams Zeiten / Gaul Geschichte, du hinkst / Woll'n den Schinder zu Schanden reiten / Links! Links! Links!

Sonntagmorgen, der 13. August 1961. Es klingelt. Judy öffnet im Flatterhemd die Wohnungstür. Da stehen Margit und Willi, ihre Eltern. Mit einem nicht deutbaren Lächeln.

Die Grenzen sind zu, sagen sie und wiederholen: Die Grenzen sind zu. Fassungslos, ungläubig. Alles abgeriegelt, alles zu.

Kann nicht sein, sagt Judy, wir waren gestern Abend noch drüben in der Galerie Bremer, wir sind nachts noch mit der S-Bahn zurückgefahren, das kann nicht sein.

Ihr könnt uns glauben, sagt Willi, seht es euch doch an! Und er lächelt wie die Mona Lisa von da Vinci.

Judy und Henri hocken verkatert auf der Sumpfgondel. Es verschlägt ihnen die Sprache. Sie wissen noch nicht, dass sich ihr Leben radikal ändern wird, auch nicht, ob die unerhörte Nachricht gut oder schlecht ist.

Erst mal frühstücken in der Küche mit den Holzmöbeln vom Tischler. Blauweiß gestreiftes Geschirr, Toast mit Teewurst, was sonst, und Kaffee aus dem Westen, der reicht gerade noch für die kleine Kanne.

Wir haben euch was mitgebracht, sagt Margit und packt eine weiße Kaffeemaschine aus: Die ist von Tante Trude zum Einzug, die hat sie vor drei Tagen bei uns abgegeben. Lasst uns losgehen!

Judy und Henri ziehen sich an, dann fahren sie alle mit der Straßenbahn zur Friedrichstraße und laufen zum Brandenburger Tor, um die Sensation mit eigenen Augen zu sehen.

Hier gibt es nichts zu gucken, bemerkt ein Kampfgruppenkommandeur in eisigem Ton.

Alles abgeriegelt. Alles zu. Berlin ist geteilt, sie können nicht raus und nicht rüber, nicht hin und nicht her. Sie schweigen. Am Horizont aber sehen sie neue Möglichkeiten für den Sozialismus. Und sie sind sicher, dass die Mauer in spätestens fünf Jahren wieder verschwindet.

Nicht wenige begrüßten den Mauerbau. Endlich würden sie ungestört den Sozialismus aufbauen können, es würden keine Hamsterkäufe mehr stattfinden, auch keine Massenflucht gut ausgebildeter junger Ärzte und Wissenschaftler in den Westen.

Es werden achtundzwanzig Mauerjahre. Mehrere Generationen werden mit der Mauer alt und grau. Judy war zwanzig, als die Mauer gebaut wurde, sie war achtundvierzig, als sie fiel.

Sie sah sich die Mauer niemals an. Nicht einmal das nachbarschaftliche Stück in der Oderberger Straße im Prenzlauer Berg. Die Mauer war da, aber Judy sah sie nicht, also war sie nicht da.

Und doch lebten sie mit der Mauer, und sie lebten ohne sie. Sie hörten Billie Holiday, sie liebten die sanften Beatles und die wilden Rolling Stones gleichermaßen, es war, als wären sie für ihre Generation erfunden worden. In dieser Musik lebten Sinn und Verstand, Wut und Frust, Rebellion und Revolution, Liebe und Empathie. Sie waren jung, sie wollten die Welt verändern, sie fühlten die Leerstellen.

Fontäne des Denkens

Der Widerspruch ist die Wurzel aller Bewegung und Lebendigkeit. (Georg Wilhelm Friedrich Hegel)

Ich gehe mit meiner Laterne und meine Laterne mit mir. Da oben leuchten die Sterne, da unten leuchten wir.

Und wie sie leuchteten! Sie machten alles, um eine revolutionäre Stimmung heraufzubeschwören, eine Revolution aber, eine wirkliche Revolution, würden sie nie erleben. Irgendwann, als alles vorbei war, begannen sie, an die Reformierbarkeit der Revolution zu glauben. In ferner Zukunft. Der Aufbruch der Jugend fiel in sich zusammen.

Dann der Kahlschlag – das 11. Plenum der Partei 1965. Zwölf DEFA-Filme wurden verboten. Verlorene Hoffnung. Unter den zwölf war auch »Spur der Steine« mit Manfred Krug. Ein Film, der einiges hätte verändern können.

Hoffnungen und Enttäuschungen nach dem Bau der Mauer, die Ernüchterung der Siebzigerjahre, als das Dasein im Halbschlaf begann. Nichts wurde besser, vieles schlechter, die Jugend wurde alt.

Jungs, lebt ihr überhaupt noch?, fragte ein mutiger Dichter ein paar Jahre später.

In dieses Vakuum trafen die Nachrichten von der Achtundsechziger-Studentenbewegung in der Bundesrepublik.

»On the road« von Jack Kerouac, einen herausragenden Autor der Beat-Generation, durfte Judy für ihre Diplomarbeit lesen: »Revolte oder zielbewusstes Engagement. Protest- und Idealbildung der Jugend unter Heranziehung der Lyrik des Expressionismus, der Beatniks und der jungen Lyrik der DDR« lautete der allzu lange Titel. Am Ende sollte klar sein, dass Rebellion im Sozialismus fehl am Platze wäre. Diese Schlussfolgerung versuchte Judy zu umgehen.

Henri machte seine ersten Filme beim Fernsehen und verdiente sein erstes Geld als Freischaffender. Einmal überraschte er Judy mit einer durch die Küche gespannten Wäscheleine, an der dreißig mit Wäscheklammern befestigte Fünfzigmarkscheine hingen. Ein anderes Mal, es war in der Osterzeit, versteckte er ein relativ hohes Honorar in einem bunten Papp-Osterei im Mülleimer, Geld macht Spaß, wenn es nicht so wichtig ist. Sie tanzten durch die Küche. Die ungewisse Zukunft war ihre Hoffnung.

Das Glück, Hegel zu verstehen, erlebte Judy an einem trüben Nachmittag nach vier Stunden Selbststudium im Lesesaal der Staatsbibliothek. Ein Licht ging an. Und wieder aus. Judy hatte ein Stück des Phänomenalen berührt. Der Student, der immer mal wieder auffällig an ihrem Tisch vorbeiging, konnte mit Hegel nicht konkurrieren.

Kurz nach dem Mauerbau hatte Judy begonnen, zu studieren, auf Empfehlung eines Freundes ausgerechnet Philosophie, dieses Studium, das ihr Angst machen wird mit seiner Engstirnigkeit, den FDJ-Ordnungsgruppen und den petzenden Kommilitonen: Die Genossin Judy Bahl interessiert sich nicht für den dialektischen Materialismus, sie liest unter dem Tisch den »Eulenspiegel«.

Das stimmte, wahr ist allerdings auch, dass die zum Dösen langweiligen Seminare im ersten Studienjahr eher Parteiversammlungen glichen als akademischen Veranstaltungen, zumal Judy nicht und nie in der Partei sein wird, wie sie auch als Einzige in der Familie niemals rauchen wird.

Zu der Zeit war sie schon längst verheiratet und hatte erlebt, dass es eine andere Welt gibt als die verbohrte, dogmatische, feindliche Welt sogenannter Sozialisten, die denunzierten und intrigierten. Es gab die heitere Welt der Künstler und Bohemiens, deren Türen Henri ihr geöffnet hatte und die er ihr weit aufhielt.

Nach einem halben Jahr wollte sie die Exmatrikulation. Sie fühlte sich fehl am Platze. Sie wollte raus aus der Uni, nichts wie weg aus der Uni, sie stellte einen Exmatrikulationsantrag.

Dann kam ein Brief, da stand nicht wie üblich »Werte Gen. Bahl«, sondern »Liebe Judy, komm doch mal vorbei.« Sie sollte doch bitte ihren Exmatrikulationsantrag zurückziehen. Für Judy war das keine Option, ihre Entscheidung stand fest.

Bei diesem Gespräch saß ihr Professor Wolfgang Heise gegenüber, der erste echte Philosoph der Fakultät. Judy sagte, dass sie sich schrecklich fühle unter ihren Kommilitonen.

Sie sprachen eine halbe Stunde über Zeit und Philosophie, Leben und Philosophie, die besondere Situation nach dem Mauerbau. Bleiben müsse man, sich durchsetzen, die Widersprüche zwischen Objektivem und Subjektivem erkennen und aushalten, mit Widersprüchen leben lernen.

Da nimmt sich einer der besten, wenn nicht der beste Philosoph der Fakultät, die Zeit, einer verzweifelten kleinen Studentin Mut zu machen, weiterzustudieren in dieser Dogmatikerzentrale nach dem Mauerbau.

Judy hatte fest vorgehabt, sich von nichts und niemandem umstimmen zu lassen. Heise brauchte nur eine halbe Stunde, dann sagte Judy: Gut, ich fahre jetzt zum Ernteeinsatz nach, worauf Heise antwortete: Nee, das machen wir nicht, die machen dich fertig, du kommst jetzt mal sechs Wochen lang in die Bibliothek und arbeitest für mich über Siegmund Freud.

Besser konnte man das Problem nicht lösen. Das Prinzip Hoffnung hatte sich durchgesetzt.

Judy hat Heise zu verdanken, dass sie ihr Studium fortführte und beendete. Ihr wurde klar, dass Philosophie ganz was anderes ist als der didaktisch ideologische Kram, den man ihr im ersten Studienjahr vorgesetzt hatte. Heise hat ihr den Beruf gerettet, sie wäre sonst wohl nie Journalistin geworden. Er hat den Weg für Judy freigemacht, er war der erste Glücksfall auf ihrer beruflichen Laufbahn, seine Entscheidung bestimmte ihre Zukunft. Und das verschwindelte Genossen-Du klang, von Heise gesprochen, unvergesslich.

In den folgenden Uni-Jahren hat Judy an den studentischen Ernteeinsätzen regelmäßig teilgenommen. Sie lernte ihre Kommilitonen kennen, auf den matschigen Kartoffelfeldern wirkten sie authentischer als in den kahlen Seminarräumen, wo triste Einführungen in die marxistische Theorie durch die Seminarteilnehmer hindurchrauschten und sich in Phrasen verwandelten, die lange Jahre, manchmal ein ganzes Leben lang, in ihren Köpfen festklebten.

Von den Ernteeinsätzen schrieb sie Henri Briefe:

Lieber Henri,
ich laufe den ganzen Tag auf Händen und Füßen. Es ist gut, dass ich Kaffee und Butter mitgenommen habe. Heute ist erst der dritte Tag vorbei, wir haben uns einen Kalender gebastelt, auf dem wir jeden Tag einen Tag abstreichen, ich kann mir nicht vorstellen, dass es einundzwanzig werden sollen.

Unsere Wohnung kommt mir jetzt vor wie ein Paradies. Die Gegend hier ist eigentlich schön, viele Seen und ein Wald, aber für mich existieren nur die Kartoffeln auf den öden Feldern.

Das Gemeinste ist, dass diese Felder an einer Straße liegen, die direkt nach Berlin führt, und es fahren darauf Autos, alle nach Berlin.

Die Arbeit ist wahnsinnig anstrengend. Ich bin so fertig, dass ich jetzt (19 Uhr) zum Umfallen müde ins Bett falle. Mein Bett steht in dem trostlosesten Zimmer der Welt: riesengroß, drei Öfen, von denen zwei halb zerfallen sind, man hat sie mit Zeitungspapier und alten Decken zugedeckt, damit der bröckelnde Putz nicht so zu sehen ist. Kahle, grünlich gestrichene Wände mit großen Dreckflecken, stinkende Bettdecken und eine trübe Glühbirne an der Decke. Ich weiß wirklich nicht, wie ich das aushalten soll.

Ich küsse Dich und denke, dass Du neben mir liegst.

Gute Nacht
Judy

PS: Wir sind gestern auf Schweinen geritten, hat Spaß gemacht.

Lieber Henri,
die letzten zwei Tage waren nicht ganz so irre. Gestern haben wir Tabak aufgezogen, heute Flachs gebunden. Arbeitsschutz kennt man hier nicht. Der Kommilitonin, die neben mir saß, ist ein Balken auf den Kopf gefallen, und unsere Bude ist so brüchig, dass wir bei Sturm fürchten, dass die Decke einstürzt.

Ich küsse Dich.

Deine Judy

Merkwürdigerweise spürt Judy in der mecklenburgischen Einöde die Tristessen des Alltags seltener. Es gab unerwartete Abwechslung. Die Langweiler entpuppten sich, sie feierten bei rotem Licht, lümmelten auf Matratzen, hörten AFN, tranken eine Menge Rotwein und führten seichte Diskussionen über Liebe und Moral.

Wenn in den Seminaren an der Universität von Moral die Rede war, fiel ihr immer wieder das Wort Doppelmoral ein. Dennoch und vielleicht gerade deshalb näherte sie sich der Aufgabe, dieses Studium auszuhalten. Sie absolvierte die fünf Jahre an der Philosophischen Fakultät relativ freudlos. Da war kein Gaudeamus igitur, kein lustiges Studentenleben, aber es gab Marx und Sartre, Hegel und Heise, da steckte genug drin, wenn man bereit war, den Kern ihrer Erkenntnisse verstehen zu wollen. Judy lernte, in Widersprüchen zu denken, mit Widersprüchen zu leben und zu lieben, sie erlebte den Widerspruch nicht als Störenfried, sondern als Verbündeten und die Dialektik als erfrischende Fontäne des Denkens.

Kommt uns nicht mit Fertigem!

Alles Alte prüft: Her, Kontrollposten Jugend! Hier wird Neuland gegraben und Neuhimmel angeschnitten. Hier ist der Staat für Anfänger – Halbfabrikat auf Lebenszeit / Hier schreit eure Wünsche aus: an alle Ufer / Trommelt die Flut eurer Erwartungen! / Was da an deine Wade knallt, Mensch, die tosende Brandung / Das sind unsere kleinen Finger, die schießen nur bisschen Zukunft vor, Spielerei. (Volker Braun)

Bruno, der Architekt, setzte sich ab und an auf den blauen Sessel in der blauen Wohnung von Judy und Henri, und sobald er das Wort Dialektik in den Mund nahm, ging ein Leuchten über sein Gesicht, begleitet von einem triumphierenden Lachen: Dialektik, haha!

Als würde alles gut, wenn man nur das Wort Dialektik oft genug aussprach.

Henri bewunderte Menschen, die auf ihren Gebieten mit graziler Freude an der Erkenntnis balancierten. Keiner konnte so überzeugend bewundern wie er. Die Bande der Bewunderten: Picasso, Mozart, Bach, Verdi, Thomas Mann, Thomas Bernhard, Eisenstein, Godard, aber eben auch Bruno, der Architekt.

Aufbruch, Schöpfung, Neubeginn. Sie fühlten sich der Avantgarde verbunden, einer Avantgarde, deren Gegner schon früh den Stillstand verordneten, noch aber war Hoffnung.

Die Sechziger waren Aufbruchjahre. Im Osten dachten sie, sie sind die Avantgarde, sie denken schneller, sie wissen mehr, sie feiern die besseren Feste und haben die tolleren Frauen. Überall in Europa wollte die Jugend Veränderung, in Westberlin, in Frankreich, in der DDR, in Lateinamerika.

Judy ließ sich die Haare kurz schneiden, damit sie aussähe wie Jean Seberg in der Rolle des amerikanischen Mädchens Patrizia, das sich in den Autodieb Michel verliebt und ihn dann verrät. 1960 kam »A bout de souffle« in die Westberliner Kinos, »Außer Atem«, das Werk von Jean-Luc Godard, dem Revolutionär der Filmästhetik, und Mitbegründer der Nouvelle Vague.

Nach diesem Film war das Kino nie mehr wie zuvor, sagte François Truffaut, der mit Godard zusammen das Drehbuch schrieb. »A bout de souffle« brachte das Lebensgefühl der Sechzigerjahre zum Ausdruck, der Film brach alle moralischen und handwerklichen Tabus und spiegelte die Probleme der Jugend wider, der Film war lässig und gefühlvoll. Radikale Schnitte, Alltagsgeräusche. »Es kommt wie es kommt, und das ist richtig«, schrieben die Kritiker der gehobenen Filmjournale. Boxernase und lebenshungriger Mund – Jean-Paul Belmondo wurde auf einen Schlag berühmt. Wie er mit dem Daumen die Kontur seiner Lippen nachzieht – eine Hommage an Humphrey Bogart – ist unvergesslich. »Ich weiß nicht, ob ich unglücklich bin, weil ich nicht frei bin, oder ob ich nicht frei bin, weil ich unglücklich bin«, sagt Patrizia in »Außer Atem«.

Du bist wirklich zum Kotzen, flüstert der auf dem Asphalt sterbende Michel. Es ist eine Liebeserklärung.

Sechzig Jahre später, ein heller Morgen ist es, kauft Judy sich »Le Monde« mit dem jungen Jean-Paul Belmondo auf dem Titel. Er ist vor zwei Tagen gestorben, am 6. September, es ist der Tag, an dem Henri und Judy sich kennenlernten, vor sechzig Jahren. Judy geht mit der Zeitung in das Café neben der Friedrichstraße 125, wo Henri zur Untermiete bei Frau Hoffmann im Hinterhaus gewohnt hatte. Wer seiner Zeit voraus ist, lebt länger. Godard ist einundneunzig.

Judy sitzt am offenen Fenster des Cafés und zieht mit dem Daumen die Konturen ihrer Lippen nach, wie es Michel im Film tut, eine Geste der Sehnsucht nach Nähe. Henri ist nicht mehr auf dieser Welt, dennoch ist Judy glücklich an diesem Vormittag, als die Sonne milde wie lange nicht auf die Friedrichstraße scheint.

Wir nannten sie die Mississippi-Post

Der Journalist ist vom Termin angeregt. Er schreibt schlechter, wenn er Zeit hat. (Karl Kraus)

Nach dem Studium landete Judy beim »Sonntag«, der Wochenzeitung des Kulturbundes, kleine Auflage, große Geschichte. Gestattete Nische für gemäßigten Individualismus. Judy brachte Fotografen mit: Arno Fischer, Sibylle Bergemann, Bernd Heyden.

Sie versuchte, beim »Sonntag« jene Auffassung von Fotografie durchzusetzen, die die Antithese der herrschenden war: Realismus gegen Phrase. Nicht platte Illustration, sondern Bilder mit einer zweiten Dimension. Arno Fischer ging es weder um die eigene Karriere noch um das Honorar, es ging ihm tatsächlich um die »Dritte Sache« und deren Schutz vor Verflachung und Kunstgewerbe, es ging ihm um die Fotografie, um deren Rettung vor der Agitation, vor der Knipserei, vor dem Geschäft und vor der Schönfärberei. Judy hatte viel von Fischer zu lernen, über die Ästhetik hinaus, Henri ebenfalls. Freunde zu haben, von denen man lernen kann, ist eine Prämie des Zufalls.

Die Redaktion residierte in einem alleinstehenden gelben Haus am Hausvogteiplatz, gleich neben dem kahlen Gebäude des Zentralkomitees der SED. Die Einrichtung bestand aus Fundstücken von vor dem Krieg. Aus den durchgesessenen Klubsesseln der Redaktionsstuben stiegen Staubwolken auf, sobald einer darin Platz nahm. Die Schreibtische hatten die Patina der Dreißigerjahre. Alte Cognacflecken auf mürbem Holz, schwarze Telefonapparate aus Friedenszeiten, klapprige Schreibmaschinen namens Erika. Wer seine Arbeit so gern machte wie die Redakteurinnen und Redakteure vom »Sonntag«, brauchte keinen Gittertüll. Ausgeleierte Drehstühle, schwarze Telefonapparate, die aus Hitchcock-Filmen stammen könnten, sowie flackernde Tischlampen mit Bauhaus-Flair.

Im Nachhinein besehen glichen die Redaktionsräume den Vintage-Cafés der Neunzigerjahre im Prenzlauer Berg, eine Vorwegnahme rebellischen Geschmacks. An den Wänden hingen Theaterplakate und Ölgemälde. Der Geruch von Rotwein, altem Durchschlagpapier und Hackepeterbrötchen ergab ein Aroma behaglicher Verderbnis.

Die Redaktion ähnelte einem ungemachten Bett, in dem viel Freude herrschte. Die Mehrheit der Redaktion stellten junge Frauen mit stolzen Gesichtern, die Germanistik, Romanistik oder Kulturwissenschaft studiert hatten, ihre Jugend stand in einem fast perversen Verhältnis zu dem Trödel um sie herum.

Das alleinstehende gelbe Haus gegenüber dem U-Bahnhof Hausvogteiplatz, so sagten sie am Telefon, wenn ein Autor auf dem Weg zu ihnen war. Sie können gleich durchgehen, es ist kein Pförtner da.

Schwere Holztür, verwahrlostes Treppenhaus, mit Schränken vollgestellte Korridore, das Chefsekretariat ganz hinten, wo niemand es vermutete, es war das kleinste Büro von allen, mit einer großen blonden Sekretärin drin.

Das Haus, in festem Bündnis mit dem Zahn der Zeit, triumphierte gelassen über alle Neuerungen. Es blieb, was es war: ironisiertes und geliebtes Domizil für Arbeit, die man gerne tut. Mark Twains Mississippi-Post, so hatte Henri die Redaktion am Hausvogteiplatz genannt. Irgendwann hat dort mal die Hausvogtei residiert: »Wer die Wahrheit saget und bleibet dabei, der kommt nach Berlin in die Hausvogtei.«

Darauf waren die Absolventinnen stolz. Zwanzigtausend Auflage, dabei hätten sie eine Million verkaufen können, dachten sie, aber sie durften ja nicht, die Leser konnten ein »Sonntag«-Abo nicht erwerben, nur erben.

Das »Sonntag«-Personal war eigensinnig. Herr Stolzenburg, der Kraftfahrer, wurde nicht damit fertig, dass er »für ein einziges Mal im Stehen« lebenslang Alimente zahlen musste. Der Bote Brinkstein, bebrillt und rechthaberisch, sah aus wie Jean-Paul Sartre und weigerte sich, ein Manuskript zu einer kranken Kollegin zu bringen, weil doch, so sagte er, »gerade die Sexwelle aus dem Westen umgeht«, und vor der hatte er Angst.

Bei einem Betriebsausflug ins Grüne übernahm Brinkstein die Führung der Wandergruppe, die sozialistische Menschengemeinschaft funktionierte: Ihm nach! Redakteurinnen, Redakteure, Ressortleiterinnen und Bernt von Kügelgen, der Chefredakteur von baltischem Adel, ehemals Wehrmachtsleutnant und Mitbegründer des Nationalkomitees Freies Deutschland – alle folgten gehorsam dem Boten Brinkstein.

Von Kügelgen, der seinen Kaffee mit dicker, süßer, sowjetischer Sahne trank, erlaubte der Anfängerin Judy, gut zu schreiben, obwohl er linientreu war. Er ermutigte sie, einen eigenen Stil zu entwickeln, was zu dieser Zeit nicht selbstverständlich, ja, kaum möglich gewesen ist. Dieser Chefredakteur forderte keinen Parteijargon, er ließ sogar die Ich-Form durchgehen, selbst den gefürchteten Individualismus fürchtete Herr von Kügelgen nicht.

Es gibt nichts Schöneres als Texten die Redundanz auszutreiben, die Langeweile der Wiederholung sozialistischen Vokabulars. Aus langen Texten können gute werden, wenn sie nur kurz genug sind, aus mittelmäßigen Schreiberlingen werden Autoren. Die Redakteurinnen und Redakteure gaben sich mit niedrigen Gehältern zufrieden, solange sie schreiben durften, was sie für richtig hielten, und das fiel eine Spur realistischer aus als in anderen Zeitungen des Landes.

Die Redaktion war ein Eldorado junger Frauen, die es sich leisteten, wenig zu verdienen, und für Männer mit Lebenserfahrung, die lieber mit attraktiven Absolventinnen zusammenarbeiteten, als Karriere zu machen.

Man siezte sich beim »Sonntag«, das forsche Genossen-Du passte nicht zu ihnen; sie wollten anders links sein. Ab und an konnten sie sich sogar als Helden fühlen, wenn zwischen den Zeilen die Realität aufschien und ausgehungerte Leser Solidaritätsadressen sandten.

Eines Tages wurde Bernt von Kügelgen ins Zentralkomitee der SED bestellt. Er nahm Judy mit, weil sie den Text über »Jugendgemäße Tanzmusik« zu verantworten hatte, inklusive einer Reportage über die Modern Soul Band, deren Musik der zuständigen Genossin nicht gefiel. Im ZK-Gebäude fuhren der Chefredakteur und die Anfängerin im Paternoster hoch zu Genossin Dörte. Die nahm sie beide an die Kandare, den Chefredakteur wie die Anfängerin, damit sie parierten wie brave Pferdchen. Es war das einzige Mal, dass Judy Paternoster fuhr. Wäre sie – Vater unser! – öfter Paternoster gefahren und öfter an die Kandare genommen worden, hätte sie kein Wort mehr schreiben können, jedenfalls kein gutes.

Das Erlebnis im Zentralkomitee war so prägend, dass Judy von einem wiederkehrenden Traum verfolgt wurde: Er spielt in einer Art Hotel-Lobby, es ist ein Interhotel. Sie steht in einer Schlange von Männern mit Aktentaschen. Jeder dieser Männer sagt, wenn er dran ist, den Satz: Ich möchte einsitzen. Judy spricht nach: Ich möchte einsitzen. Auch Nikolai Bucharin, sowjetischer Ökonom, zeitweise Chefredakteur der Zeitung »Prawda«, steht an und sagt, als er dran ist: Ich bekenne mich schuldig ... ich betrachte mich als verantwortlich für das größte und ungeheuerlichste Verbrechen an der sozialistischen Heimat ...

Lenin hatte Bucharin das goldene Kind der Revolution genannt, den Liebling der Partei. Bucharin wurde hingerichtet. Er war damit einverstanden. Nicht nur in Judys Traum.

Als Herr von Kügelgen in Anwesenheit seines Nachfolgers feierlich abgelöst wurde, erschien die gesamte Redaktion in Schwarz, wie auf einer Trauerfeier, was die Funktionäre mächtig irritierte, aber schließlich war es eine Feier, also darf man sich festlich anziehen, und Schwarz ist festlich, allerdings nicht in jedem Fall. Subversion bleibt Subversion, auch wenn der Umsturz ausbleibt.

Die Funktionäre waren irritiert, der neue Chef auch. Der »Sonntag« erschien weiter Woche für Woche, Jahr für Jahr, auch wenn die Auflage immer kleiner wurde. Nur größer durfte er nicht werden, die Leserschaft musste überschaubar sein, das kulturpolitische Ventil für Künstler und Intellektuelle sollte ein feines Steuerungsinstrument bleiben, damit der Wind nicht zum Sturm wurde.

Als der neue Chefredakteur in seiner ersten Redaktionssitzung erklärte, dass die Demokratie in der DDR immer stärker werde, meldete sich die Kollegin mit dem Namen Ina Kanonier zu Wort: Demokratie? Uns hat keiner gefragt, ob wir Sie als Chefredakteur haben wollen.

Die Mitarbeiter feierten gern die Geburtstage der Kollegen mit Wein und Musik. Judy legte eine Platte auf mit Manfred Krugs »Niemand liebt dich so wie ich«, er hatte gerade die DDR verlassen, der »Verräter«, trotzdem summte der neue Chefredakteur fröhlich mit: »Niemand liebt dich so wie ich ...« Er tat, als würde er die Stimme des »Verräters« nicht erkennen und hörte mit Hingabe das Original der Operette von Franz Lehár; er verließ aufgeräumt das feiernde Büro. Judy legte dieselbe Platte noch einmal auf, und noch einmal: »Niemand liebt dich so wie ich«.

Kunst und Leidenschaft

Was du liebst, lass frei. Kommt es zurück, gehört es für immer dir. (Konfuzius)

Judy und Henri haben viel von ihren Freunden gelernt. Henri zunächst von Brecht, Elisabeth Hauptmann, Wekwerth, Weigel, Palitzsch und Benno Besson.
 Später von den Formgebern, den Grafikern, den Layoutern. Ihre Gedanken und Gespräche drangen bis in die Möwe-Nächte vor. Wie hatte eine Kaffeetasse auszusehen, wie ein Plakat, eine Schrift, eine Blumenvase. Wie ein Radio, eine Lampe, ein Auto. Vor allem die Ästhetik und ihr Nutzwert wurden besprochen. Und dass die Form der Dinge besser werden sollte als im Westen. Nach zwei Stunden Diskussion wurde getanzt und geflirtet, Charleston und Twist.
 Etwas später kam die Leidenschaft für die Fotografie dazu. Der Mann, der diese Leidenschaft sein Leben lang weitergab – Arno Fischer, der ursprünglich Bildhauer werden wollte, sich aber früh für die Fotografie entschied –, sagte am Ende seines Lebens: Ich glaube schon, dass ich zu den besten Lehrern gehöre.
 Judy weiß noch, dass ein Tonband mit Blues lief, während Fischer sie fotografierte. Er hatte sie zu einem Fototermin in die Kunsthochschule Weißensee eingeladen.

Es entstand das Bild im schwarzen Mantel neben dem schwarzen Baum. Judy modelte neben ihrem Philosophiestudium. Keine Püppchenposen mehr, sondern die moderne, arbeitende Frau. Sie erinnert sich, dass auch der Vorgang des Fotografierens ein anderer war als der damals übliche, der Fotograf inszenierte nicht, er ermutigte.

Scheu auf beiden Seiten, Judy guckte auf ihn, er auf Judy. Er bemühte sich nicht, die gegenseitige Angst vor der Fremdheit zu überspielen. Sein unprätentiöses Berliner Idiom trug eine Menge dazu bei: Ja, dit is jut, jenau, kucken Se ruhig in die Kamera, wir machen dit jetzt mal so.

Das Wort kucken betonte er auf beiden Silben – kuck-cken.

In den Mann mit dem schmalen, sensiblen Mund, den kräftigen Unterarmen und dem sarkastischen Humor wird sich bald Sibylle Bergemann verlieben, die seine prominenteste Schülerin wird.

Das erste Porträt über Sibylle schrieb Judy 1970 im »Sonntag«: »Die Fotografin Bergemann ist winzig und schmächtig, und man hat den Eindruck, dass sie immer Schnupfen hat ... Stille des Wesens als Konzentration. Schüchternheit als Respekt vor der Größe der Wirklichkeit ... Sie kommt in die Redaktion in altgekaufter Lederjacke, fast immer im letzten Moment bringt sie ihre Abzüge: enttäuschend glanzlos, ohne technische Brillanz: ›Ich habe was gegen Hochglanzpapier, dahinter verstecken sich oft Oberflächlichkeit und Kunstgewerbe. Wenn ich zu einem Thema hundert Fotos mache, von denen das mit der größten Wahrheit unscharf ist, biete ich das unscharfe an.«

Warum so oft Gegenstände, Umwelt, Milieu?

›Aufschlüsse über einen Menschen finde ich oft in Dingen, mit denen er sich umgibt, er ist präsent, auch wenn er auf dem Foto nicht zu sehen ist. Beispiel: eine Drehbank, zwischen grauem Metall ein kleiner Blumenstrauß; Arbeitsplatz einer Frau, die vermutlich Freude an ihrem Beruf hat.‹«

Eine lebenslange Freundschaft begann, eine Freundschaft zwischen Arno und Sibylle, Henri und Judy; sie siezten sich viele Jahre lang herzlich. Das Hauptthema war immer die Arbeit, die Fotografie rückte in das Zentrum des Lebens. Um sie lohnte es sich zu kämpfen. Fischers Leidenschaft und Henris außerordentliches Interesse fanden zusammen.

Als Judy beim »Sonntag« anfing, war sie schon angesteckt von dieser Bildsprache abseits von Kunstgewerbe, Schönfärberei und Agitation, sie konnte durchsetzen, dass sie für ihre »Themen der Woche« auch die Fotos bestimmte, sie überließ das nicht der Bildredaktion. Nicht platte Illustration, kein Chlorodont-Optimismus, sondern Bilder mit einer zweiten Dimension, Realismus gegen Phrase.

Wenn sie Arno Fischer anrief und ihn fragte, ob er ein Foto zu einem bestimmten Thema habe oder es machen wolle, überlegte er erst mal, ob einer seiner Kollegen oder Schüler das passende Foto vielleicht schon gemacht hatte, und wer von allen am besten in der Lage wäre, das gewünschte Foto zu liefern: Ick gloobe, der Heyden hat da wat.

Er telefonierte rum oder fuhr in seinem dreckigen alten Wartburg gleich selber hin und sah Heydens Kontaktbögen durch.

Bernd Heyden, ein Kriegskind wie Judy, verbrachte sein viel zu kurzes Leben im Prenzlauer Berg. Er wuchs im Bötzowviertel auf, machte eine Lehre als Damenschneider, arbeitete als Bügler in einer Textilfabrik. Ein Zufall brachte ihn als Kraftfahrer an die Kunsthochschule Weißensee, wo er Arno Fischer kennenlernte, der seine Begabung erkannte und ihn aufsammelte wie einen aus dem Nest gefallenen Vogel.

Bernd Heyden hat den Prenzlauer Berg und seine Bewohner in den Siebziger- und Achtzigerjahren fotografiert. Das Foto von dem Mann mit den hellen Augen und dem Hund auf dem Arm war eins davon. Der Mann könnte Willi sein, Judys Vater. Wenn er älter geworden wäre. War der Mann auf dem Foto im Krieg gewesen, mit siebzehn vielleicht? Sein letzter Kamerad ist sein Hund.

Heyden war ein Naturtalent mit dem Komplex, nicht gut genug und nicht gebildet genug zu sein, er hatte nur acht Klassen absolviert. Freunde haben sich um ihn gekümmert. Vor dem Alkohol konnten sie ihn nicht retten.

Er war erst dreiundvierzig, als er starb. Geblieben sind seine Fotografien. Die Fleischträger in der Bötzowstraße, die Kohlenträger in der Gleimstraße, der weiße Rauch unter der Greifenhagener Brücke und im Wiener Café in der Schönhauser Allee, die träumerische Dame vor ihrem Glas Wein, neben ihr der hingebungsvolle Geiger, der für sie spielt.

Bernd Heyden hinterließ Bilder vom Prenzlauer Berg, die den Betrachter anfassen und nicht loslassen. Die Oderberger/Ecke Kastanienallee sieht auf dem Foto aus wie immer, auch wenn sie anders aussieht. Heimat? Geborgenheit? Zärtlichkeit?

Arno Fischer und Sibylle Bergemann lebten bis zum Ende der Siebzigerjahre in einer Eineinhalb-Zimmer-Wohnung in der Hannoverschen Straße, sie war der Treffpunkt für Fotografen aus Ost und West, die einander ihre Fotos zeigten: Arno Fischer, Sibylle Bergemann, Brigitte Voigt, Roger Melis, Micha Weidt, Thomas Höpcker, Bernd Heyden, Michael Ruetz und andere verteilten ihre Fotos über Tisch und Dielen, und es begann ein Diskurs jenseits von Konkurrenz und Geschäft. Fischer, der Lichtenberger Doppelkorn mit Brause trank und stets dieselbe olivfarbene Jacke mit den vielen Taschen trug, wurde nicht müde, seine Überzeugungen und Obsessionen auf andere zu übertragen und seine Abneigung gegen alles Modische, Laute, Hochgetiffte mimisch und gestisch deutlich zu machen. Arno, der Schüchterne, wurde an solchen Abenden zum sprudelnden Mittelpunkt der Gesellschaft. Er hatte eine auffällige Begabung zum bildhaften Erzählen, da entwickelte er schauspielerisches Talent, führte vor, stellte dar. Vielleicht entsteht Charisma nicht nur aus Selbstsicherheit, sondern auch aus Selbstzweifeln. Wenn sie feierten, spielten Selbstironie und die Lust am Komischen eine große Rolle, die Politik keine oder nur eine am Rande.

Am zwanzigsten Jahrestag des Kriegsendes lacht auf dem Titel der FDJ-Zeitung »Junge Welt« eine Studentin, fröhlich, glücklich, Judy. Darunter die Schlagzeile: »Dieser Staat ist unser liebes Vaterland«. Zu jener Zeit stimmte das sogar. Der stets gut gelaunte Fotograf Thomas Billhardt, der den Optimismus zu seinem Lebensstil erkoren hatte, machte das Foto bei ihnen zu Hause, in der Speisekammer, dem Raum mit dem englischen Waschgeschirr. Der Optimismus auf dem Foto war laut, er dröhnte in Augen und Ohren.

Das Telefon klingelt. Billhardt. Als wären nur ein paar Tage vergangen und nicht zwanzig Jahre.

Thomas erzählt von seinen Fotos, seinen Ausstellungen, seinen Reisen, seinen Plänen. Von Vietnam, von Kuba, von Chile. Von Schicksalsschlägen. Gerade hat er eine Lungenentzündung überstanden, und schon ist er beim nächsten Vorhaben.

Er gehörte jahrelang zu ihren besten Freunden, von Henri musste er öfter Kritik einstecken wegen Opportunismus-Verdachts. Billhardt war der Sunnyboy der DDR-Fotografie.

Klar war ich der Sunnyboy, sagt er am Telefon, ich hätte doch Vietnam sonst gar nicht ausgehalten.

Wer heute Billhardts Fotos sieht, ist überrascht, wie gut sie sind, die aus Vietnam, die aus Havanna, die aus Palästina, aus China und Korea. Die aus Chile und die vom Alexanderplatz in Berlin. In Billhardt steckte immer ein begeistertes Kind, das gelobt werden wollte und sich dieses Lob, wie sich herausstellte, auch verdient hatte.

Als er vor zwanzig Jahren spontan bei Judy und Henri aufkreuzte, tranken sie Earl Grey in der Küche und sprachen zwei Stunden lang über Leben und Tod. Als er sich verabschiedete, begleiteten sie ihn hinaus. Auf dem Korridor sprang, plötzlich und unerwartet, Henri in seinem grünen Bademantel auf den Rücken des stämmigen Freunds, legte die Beine um dessen Bauch, schweigend, zehn Sekunden lang. Ein Slapstick besonderer Art, zwei alte Männer wurden von der Erinnerung überwältigt, die Albernheiten der Vergangenheit drängten sich auf die leere Bühne einst übermütiger Jugend.

Das Lebensgefühl von Henri und Judy war schizophren. Ein Zwitter aus linkem Erbe und westlicher Moderne. Aus Eisenstein und Godard. Sie hörten AFN und beschafften sich »Graphis« und »Magnum«. Sie diskutierten die sozialistische Menschengemeinschaft und die allseitig entwickelte sozialistische Persönlichkeit. Sie theoretisierten über das Verhältnis von Ideal und Wirklichkeit, interpretierten den Arbeitsplatz als Barrikade und strapazierten Brechts Gedicht von den Mühen der Ebenen.

Sie wussten aber auch, dass der Gipfel des Grauens in dem tiefen Spalt zwischen Ideal und Wirklichkeit nur der Galgenhumor sein konnte.

Allerdings hatten sie auch die Erfahrung gemacht, dass der Zusammenhalt von guten Freunden wichtiger ist als die sozialistische Menschengemeinschaft.

Du kannst es!, schrieb Margit in einem Brief an ihre Tochter nach der ersten gedruckten Reportage. Der vornehm zerstreute Chefredakteur hatte zwar eingewandt, eine Umfrage unter Studenten zum Thema »Ist die Werther-Problematik noch aktuell?« sei langweilig, das wolle doch keiner mehr lesen. Aber er hatte es zugelassen. Es war Judys Einstieg als Redakteurin, Filmkritikerin und Reporterin. Das Aktuelle daran waren die Blütenträume der DDR, die wahrhaftig nicht alle reiften. Judy berichtete in ihrem ersten großen Text von der Verteidigung einer Promotion mit dem Titel »Werther als gekreuzigter Prometheus«.

Sie beschrieb den bescheidenen Doktoranden und sein gar nicht bescheidenes, sondern mutiges Herangehen an ein von Goethe vorgegebenes großes Thema: Weil nicht alle Blütenträume reifen – die Relativierung der sozialistischen Utopie. Bei Goethe heißt es:

> *Bedecke deinen Himmel, Zeus,*
> *Mit Wolkendunst*
> *Und übe, dem Knaben gleich,*
> *Der Disteln köpft*
> *An Eichen dich und Bergeshöhen!*
> *Mußt mir meine Erde*
> *Doch lassen stehen*
> *Und meine Hütte die du nicht gebaut,*
> *Und meinen Herd,*
> *Um dessen Glut*
> *Du mich beneidest.*
> *Ich kenne nichts Ärmeres*
> *Unter der Sonn als euch, Götter!*
> *(…)*
> *Wer half mir*
> *Wider der Titanen Übermut?*
> *Wer rettete vom Tode mich,*
> *Von Sklaverei?*
> *Hast du nicht alles selbst vollendet,*
> *Heilig glühend Herz?*
> *(…)*
> *Wähntest du etwa,*
> *Ich sollte das Leben hassen,*
> *In Wüsten fliehen,*
> *Weil nicht alle Blütenträume reiften?*

Ein Angriff auf die Obrigkeit. Das traf einen Nerv. Sogar in Paris druckte eine Zeitung Judys Text nach.

Ich kann es, flüsterte Judy vor sich hin und schickte ihre Zweifel gleich hinterher: Kann ich es? Ich kann es.

Es war das schönste Gefühl, das sie je erlebte, außer der Liebe zu Henri. Arbeit und Liebe machen glücklich, fehlt eins von beiden, kann man Zufriedenheit erreichen, aber nicht mehr. An jenem Abend tanzten sie in der »Möwe« Twist nach Little Richards »Lucia, oh, Lucia«.

In so einer Redaktion arbeitet man doch gerne, in Judys Fall waren es über zwanzig Jahre, und wäre die Wende nicht gekommen, wären es noch einige mehr geworden, was wiederum auch schade gewesen wäre. Denn die sozialistische Utopie war längst eine Mumie.

Nichts als Lotte

Was wäre der Mensch ohne Empfindung?
(Ludwig Feuerbach)

Henri war der musischste Mensch, den Judy kannte. Wobei sie das nicht wirklich beurteilen konnte, denn ihr Verhältnis zum Musischen war von Anfang an praktisch, Judy brauchte die Poesie, sie setzte sie spontan und leichtsinnig in ihren Reportagen und Feuilletons ein, während Henri seine poetischen Ideen sparsam und strikt in seinen sehr speziellen Außenseiterfilmen verwendete, die nicht von allen verstanden wurden, wer sie verstand, liebte sie.

Im auffälligen Gegensatz zur formalen Strenge seiner Filme stand Henris Leidenschaft für klassische Musik. Er stellte den Plattenspieler auf Lautstärken, die den Protest der Nachbarn provozierten.

Wir sind doch hier nicht in der Kirche, brüllten sie.

Wohnungen waren Henris Klangräume. Zuerst die kleine schwervermietbare, da wirkte die Musik so rein, als wären die königsblauen Dielen immer frisch gewischt. Danach die größere, in der die Musik sich breitmachte wie der Schimmel unterm Fenster; wer Mozart hört, sieht keinen Schimmel mehr. Die große Wohnung Ecke Schönhauser war Henris Philharmonie.

Alle von Judy und Henri bewohnten Wohnungen sind

erfüllt gewesen vom Pathos und der Leichtigkeit klassischer Musik, je höher die Räume in den Altbauten, desto heiliger der Klang.

Henri lief dirigierend durch die Räume und verausgabte sich wie ein fanatischer Marathonläufer. Er las Partituren und fühlte sich als Dirigent; besonders gern dirigierte er die Sinfonia concertante für Oboe, Klarinette, Horn, Fagott und Orchester von Wolfgang Amadeus Mozart, die Judy ihm zu Weihnachten geschenkt hatte. Erschienen war sie in der Partitur-Bibliothek von Breitkopf & Härtel in Leipzig.

Henri liegt in der riesigen Badewanne im Weimarer Hotel »Elephant« und planscht vor sich hin.

Mann, ist die groß, die Badewanne, staunt Judy.

Henri kennt den Grund. Die Badewannen, sagt er, sind so groß, weil die SS öfter im »Elephant« abstieg, und SS-Männer waren, wie man weiß, mindestens Einmeterachtundachtzig groß und schmutzig, also brauchten die Herrenmenschen große Wannen und viel Wasser.

Komm aus der Wanne, Henri, wir gehen spazieren!

In unmittelbarer Nähe des Hotels befand sich ein alter Buchladen mit einem alten Buchhändler darin. Da fiel Judy Eulenberg ein, Herbert Eulenberg, ein Feuilletonist und Theatermann.

So musst du schreiben, Judy, wie Eulenberg musst du schreiben, hatte ihr Henri öfter gesagt. Er zitierte: »Es gilt, sich kurz zu fassen, klar zu sein, Phrasen zu vermeiden und jedem, auch dem Laien, in literarischen Dingen verständlich zu bleiben.« Henri hatte Judy immer schon die Feuilletons der großen Literaten der Zwanzigerjahre empfohlen, Polgar, Kisch, Tucholsky und Benjamin, Djuna Barnes und Irmgard Keun, und eben Eulenberg.

Sie standen vor dem alten Buchladen.

Ich gehe jetzt da rein und frage, ob er die »Schattenbilder« von Eulenberg hat, sagte Judy.

Henri versuchte, sie davon abzuhalten: Der hat doch nicht die »Schattenbilder« von Eulenberg, das ist über fünfzig Jahre her, du machst dich lächerlich.

Ich versuche es, sagte Judy und betrat den Laden: Guten Tag, haben Sie die »Schattenbilder« von Herbert Eulenberg?

Henri beobachtete den Vorgang von draußen durch die Schaufensterscheibe und musste mitansehen, wie der alte Buchhändler nach hinten ging, nach kurzer Zeit wieder auftauchte und Judy mit größter Selbstverständlichkeit die 1910 erschienenen »Schattenbilder« von Eulenberg überreichte und vierzehn Mark kassierte.

Henri zeigte sich irritiert. Judy hielt wie immer alles für möglich.

Sie gingen ins Restaurant »Weißer Schwan«, wo sie Rinderrouladen mit Rotkohl und Klößen aßen. Nach dem Dessert blätterten sie im Eulenberg und entdeckten dort den Titel eines der Bücher von Eulenbergs Frau Hedda: »Im Doppelglück von Kunst und Leben«; das passt doch zu uns, sagte Judy. Während sie mit Heidelbeeren gefüllte Knödel aßen, überflogen sie Eulenbergs Feuilleton über den jungen Goethe und seine große Liebe:

»Sobald er allein war, konnte er nur ›Lotte‹, nichts als ›Lotte‹ flüstern, ihr Schattenbild trug er immerfort in der linken Brusttasche über seinem Herzen, und nachts hing er es an die Wand über sein Bett, damit er es beim ersten

Augenaufschlagen sehen könnte. Kestner, dem er sich anvertraute, konnte es gar nicht fassen, dass man so lieben könnte. Wollte dieser junge Mensch denn eine neue Art, sich zu lieben, in Deutschland entdecken?

Lotte selber ahnte nicht, was das war, sie glaubte, Fieber zu bekommen in seiner Nähe, sie konnte ihm nicht gehören und musste doch immer weinen, wenn sie seiner gedachte …

Aus diesem jungen Rechtspraktikanten wurde später der Geheime Legationsrat Goethe zu Weimar, der noch viele Lieben und Krankheiten überstehen und alles, was ihm je teuer war, überleben muss, bis er als Greis als größter Dichter Deutschlands nach Walhalla zu den germanischen Göttern entrückt ward.

Vorher aber warf er in Wetzlar seine Pistole weg, schrieb ›Die Leiden des jungen Werthers‹ mit den erschütternden Schlusssätzen, die wie Hammerschläge klingen, mit denen man einen Sarg zunagelt: ›Handwerker trugen ihn. Kein Geistlicher hat ihn begleitet.‹«

Goethe spielt Flöte auf Schiller sein Piller, spricht Henri halblaut vor sich hin, um das Tragische der Situation ironisch zu brechen.

Wie bitte?, fragt Judy.

Goethe spielt Flöte auf Schiller sein Piller, wiederholt Henri.

Was hast du gesagt?, fragt Judy nach.

Nichts habe ich gesagt, sagt Henri, von Goethe und Schiller habe ich gesprochen, das ist in Weimar erlaubt.

Goethe und seine Lieben, große wie kleine, beschäftigten Henri. Literarisch und lebenspraktisch.

Henri war ein Don Juan. Seine Geliebten waren Passantinnen, Vorübergehende, sie wurden unglücklich, weil er sich nicht von Judy trennte und lieber zur nächsten Passantin wechselte.

Folgendes allerdings war der Gipfel, oder sagen wir *ein* Gipfel. Judy kam von der Mittagspause zurück, da saß in ihrem Büro eine schöne Frau mit langem rotblondem Engelhaar. Sie weinte, eine Spur aus schwarzer Wimperntusche zog sich über ihr blasses Gesicht. Sie versuchte, Judy etwas zu erklären, was sie eben erfahren hatte: Henri hatte eine neue Geliebte.

Was nun? Die Engelhaarige suchte Trost bei Judy. Vielleicht wollte sie gemeinsam mit ihr weinen, sie erwartete Solidarität. Das nun war zu viel verlangt, Judy war ja nicht die Oberaufseherin ihrer Ehe.

Als der Chef vom Dienst das Büro betrat und drängelte, dass die Filmseite in die Druckerei müsse, verabschiedete sich Judy von der unglücklichen Besucherin. Jahre später entwickelte sich eine Freundschaft zwischen den beiden Frauen, manchmal lachten sie, wenn ihnen die Geschichte der hilflos liebenden Geliebten einfiel.

Der Rückzug von der Bedeutung

Sich selber auf die Spur zu kommen ist Ermittlerarbeit, Spionage in eigener Sache, irgendwann fliegt man auf. (Judy)

Journalismus und Poesie passen zusammen, so man will.

Judy entwickelte Prinzipien, die dem Beruf nutzten, sie musste was erleben, um schreiben zu können, ihr ganzes Kapital war die Wirklichkeit. Die Wirklichkeit, wie sie ist, nicht, wie sie sein soll. Auch die Realität hat poetische Strukturen.

Persönlich zu schreiben heißt nicht, fortwährend Ich zu schreiben, die Balance ist gewagt, das Seil dünn. Das Prinzip Ich richtet sich gegen die scheinbare Objektivität, die der Lüge der Fakten ausgeliefert ist, das Zentrum des Geschehens ist öfter ein Vorort.

Die Persönlichkeit des Journalisten versinkt zuweilen in dem Pool, in dem alles herumschwimmt, was andere schon verfasst haben, wo man sich bedienen kann, ohne dass man mit eigenen Augen gesehen hat, was passiert ist. Judy hat sich immer für das scheinbar Unwichtige interessiert, für den Rand, für das Detail, nicht für das Allgemeine, nicht für das sogenannte Wichtige. Das Kleine war das Große.

Der Schriftsteller Reinhard Lettau nannte diese Methode den »Rückzug von der Bedeutung«. Der DDR-

Journalismus hingegen war fixiert auf Bedeutung, auf Parteitage und Helden der Arbeit. Die Hinwendung zur Bedeutung setzte die Wahrheit aufs Spiel und nahm Unehrlichkeit in Kauf.

Der unsensationelle Alltag, die Sensationen des Gewöhnlichen sind das Erwähnenswerte, die Beschreibung alltäglicher Ereignisse, die Gefühle der sogenannten kleinen Leute, sofern die Reporterin sie von ihnen erfahren wollte.

Fast jeder Mensch ist ein Poesiespeicher; in der Mehrheit der Menschen ist die Poesie verbreitet.

Judy liebte die Reportage, stellte aber fest, dass ihre Reportagen sich mehr und mehr von der Wirklichkeit entfernten. Sie bemerkte ihre Fehler. Die ersehnte Zukunft wurde zur verfälschten Gegenwart.

Sie ließ die Reportage sein und wandte sich der Filmkritik zu. Zumal sie sich als Reporterin einsam fühlte, sie war allein mit der Wirklichkeit, die keine Wirklichkeit sein sollte. Als Filmkritikerin hatte sie Kollegen, mit denen sie sich austauschen konnte.

Die ersten Spielfilme, die sie besprach, waren »Berlin – Ecke Schönhauser«, »Abschied« und »Ich war neunzehn«.

Der mal höfliche, mal wüste Ekkehard Schall, die aparte Heidemarie Wenzel und der heitere Jaeckie Schwarz saßen an der Möwe-Bar, redeten über sich und über Filme, über Frauen und über Männer, über Wodka und Gin. Und ob es heute Pommes frites geben würde, denn die gab es selten, der Osten konnte den Trends nicht so schnell folgen.

Bei den Filmfestivals in Moskau, wo sich eine Menge prominenter Schauspieler und Regisseure trafen, unter anderen Robert de Niro, Sergio Leone und Marcello Mastroianni, gab es sogar Konkurrenz unter den Kritikern, ein bisschen jedenfalls, denn Konkurrenz war in der DDR nicht üblich. Die DDR-Kritiker waren in jenem Jahr alle hinter Gabriel Garcia Marquez her, aber auch die feinsinnige Kollegin Rosemarie Rehan schaffte es nicht, ihn zu einem Interview zu kriegen. Sie schrieb in ihrem Festivalbericht:

»In der zur Abreise versammelten DDR-Mannschaft ist keine Judy, meine geliebte Konkurrentin, zu sehen. Sie vertrug kein Fliegen, sie fuhr mit dem Zug.« Als Judy nach zweitägiger Fahrt in Moskau ankam, war Marquez längst wieder abgereist.

Judy schrieb Festivalberichte, die wie Reportagen gebaut und auch so erzählt waren, da ging es nicht nur um die Filme, sondern auch um Schauspieler, Regisseure und Publikum, um Glamour und Schönheit, um Gemeinheiten und Sympathien.

Ein unvergessliches Vorkommnis war Folgendes: Judy betrat die Bar im Hotel Rossija und sah, dass Marcello Mastroianni da war. Sie näherte sich mutig seinem Tisch und bemühte ihr lückenhaftes Französisch, Mastroianni war höflich. Judy sprach ungefähr vier Minuten mit ihm, um ein Interview zu verabreden.

Plötzlich kam von der Seite der Ruf: Zieh Leine, Mädchen!

Judy reagierte rasch: Frau Schygulla, mit Ihnen will ich vielleicht auch mal sprechen, aber nicht heute.

Mit zitternden Knien kehrte Judy zurück zur Bar, erzählte einem Freund, einem Manager, der alles wusste und jeden kannte, von dem Vorfall.

Er bestellte hundert Gramm Wodka und sagte: Trink erst mal, Judy, du musst das verstehen, die Schygulla ist unzufrieden. Keine wichtige Rolle, kein richtiger Mann, auch ihre Figur ist nicht mehr, wie sie mal war.

Als das Glas Wodka leer war, kam Judy auf die Idee, genau dieses Vorkommnis an den Anfang ihres Festivalberichts zu stellen. Denn Beleidigungen von Journalisten lesen die Leute gerne.

Weil nicht alle Blütenträume reifen

Wenn ich liebe, wenn ich fühle / ist es eben auch Verschleiß / aber dann in der Kühle / werd ich wieder heiß.
(Bertolt Brecht)

Henri und Judy waren Spielkameraden, kein Wunder, sie lebten beide unter dem Sternbild Zwilling. Blaue Augen, Himmelssterne lieben und poussieren gerne, braune Augen dann und wann locken alle Mädchen an – so was kannte Judy aus ihrer Kinderzeit.

Henri spielte mit ihr und sie mit ihm, sie amüsierten sich mit sich, sie lachten über sich und die Welt, der sie nichts übel nahmen, außer Krieg.

Sie spielten, seit sie sich kannten. Mannequin und Intellektueller, Braut und Bräutigam, Studentin und Analphabet, dann Mann und Frau, Mama und Papa, Oma und Opa. Später kamen die Königin und ihr Diener dazu; alles, was an ihm alt war, verlagerte Henri in die Gestalt des Dieners.

Früher hatten meine Augen die Farbe von Mahagoni, heute sind sie farblos wie die Augen von Gespenstern, stellte Henri irritiert fest.

Das Spiel brachte den Flirt mit sich. Henri und Judy flirteten ihr Leben lang.

Ich habe immer nur dir gehört, schrieb er in eins seiner

tagebuchähnlichen Notizbücher, die an Judy gerichtet waren und die sie nach Henris Tod gelesen hat.

Ich habe immer nur dir gehört – Judy glaubte ihm das nach ihrem langen Zusammenleben voller Widersprüche, sie glaubte ihm.

Wir sind nie seriös gewesen, sagt Judy, deshalb sind wir so lange zusammen, denk mal an Prag, Henri, Hotel Europa! Dort hatten sie auf der Empore gesessen und Papierkügelchen auf die Leute unten im Café geworfen. Die guckten immerzu nach oben. Sie konnten sich nicht vorstellen, dass es das ältere Ehepaar war, das aus majestätischer Höhe mit Papierkügelchen auf die Köpfe der verblüfften Gäste zielte.

Weil nicht alle Blütenträume reifen. Judy und Henri trennen sich öfter. Mal für ein paar Wochen. Einmal sogar für ein halbes Jahr. In den Zeiten der Trennung wurden sie wieder zu Briefpartnern.

> Meine Judy,
> ich habe jetzt, da ich allein bin, mehr als sonst die Gelegenheit, über uns nachzudenken. Das Ergebnis solchen Sinnens muss sentimental sein. Die Leute sagen, uns begegnend, man möchte denken, dass wir uns erst drei Tage kennen. Das zeigt, da dies ja nicht nur dann bemerkt wird, wenn uns die Sonne ganz besonders scheint, dass wir Freundlichkeit zueinander zur Eigenschaft gemacht haben. Wenn ich dies überdenke, erweist sich, dass uns die Sonne nie ganz besonders scheint, dass sie nie anders und nicht mehr und nicht weniger geschienen hat, als sie im Alltag eben zu scheinen vermag.

Unser Verhältnis ist nicht ideal. Ein ideales Verhältnis gibt es nur, solange man noch irgendwo SIE zueinander sagt. Das kann eine Ehe und ihr tägliches Aneinandersein niemals bieten.

Wenn Du Dein Verhältnis zu M. beispielsweise als ideal – oder idealisch – bezeichnen könntest, dann nur unter dem Damoklesschwert, das über allen Ausnahmesituationen hängt.

Du bist nicht bequem für mich, Du verlangst viel, Du lebst nicht für mich und nicht für uns, sondern für Dich. Diese Seite ist immer betont – wie viel immer Du aus dieser Haltung auch für uns beziehen magst. Dennoch weiß ich, was Du durch Deine Verbindung mit mir letztendlich Dir auch aufgeladen hast.

Aber gerade darum kommst nur Du für mich infrage und keinesfalls jemand, der diese Seiten vielleicht übersehen möchte, ein Vorzug, der doch nur zeitweilig sein kann. Die Vergangenheit hat ergeben, dass wir solchen zeitweiligen Verhältnissen manchmal nicht aus dem Weg gegangen sind. Unser Verhältnis aber ist lebenswichtig. Ich weiß, dass ich mich Dir gegenüber nie anders geben musste, als ich bin. Eben darum, weil ich mich Dir gegenüber niemals in die Niederungen des Himmelhochjauchzend-zu-Tode-betrübt begeben hatte. Die andere Seite ist, dass wir es in der Vergangenheit, die noch nicht Vergangenheit ist, manchmal an Sentimentalität haben fehlen lassen. Wir glaubten, es nicht nötig zu haben. Der verblüffende Gleichklang unseres glücklichen Lachens brachte uns nie auf den Gedanken, auch einmal glücklich weinen zu können.

Das ist aber nicht zu trennen. Und wenn es getrennt wird, sieht es konkret so aus, dass die eine Seite uns verbleibt und die andere anderswo eingelagert wird ... Wir sollten darauf achten, dass es, um das eine nicht ärmlich zu machen ohne das andere, zur Durchdringung kommen muss.

Und dies sollten wir beachten, nicht nur dort, wo wir uns mit der Welt berühren (Politik und Alltag), sondern auch dort, wo wir uns berühren.

Ich weiß nicht, ob ich nicht schon im Begriff bin, Dich zu verlieren. Es wäre das Schlimmste. Es war nur das Verlangen, Dir einen Brief zu schreiben. Eben hast Du angerufen, es muss schon was dran sein an uns, was wir nicht nur in Ausnahmesituationen pflegen sollten, dann nämlich, wenn wir uns nicht haben.

Und ungeachtet dessen, was ich eingangs geschrieben habe – jetzt, als spontane Manifestation: Ich liebe Dich.

Henri

War Henri das Geheimnis an und für sich? War er ein Rätsel, das er selbst nicht lösen konnte? Ein Rätsel, das auch Judy nicht lösen konnte? Liebe ist die Bevorzugung eines Menschen vor allen anderen.

Wir lieben uns, weil es schön ist, über sonnige Boulevards zu schlendern, unter den sehnsüchtigen Blicken der Passanten, weil es einfach gut tut – c'est si bon. Yves Montand, in schwarzer Hose und offenem schwarzem Hemd. Wenn er sang, kam zusammen, was in Wirklichkeit nie zusammengefunden hat: linke Gesinnung und Lebenslust.

Mit Montand ließ sich die Mauer leichter aushalten. Mit seinen Liedern war Paris ganz nah, das Frankeich der Résistance, der L'Humanité Dimanche, der Küsse auf dem Boulevard. Er schien der vitale Beweis dafür, dass die Linke nicht langweilig sein musste, grau, bieder, unansehnlich – noch war Hoffnung. C'est si bon.

Montands Stimme war der zärtliche Triumph über bornierte Parteisekretäre, spießige Kaderleiterinnen, trostlose Alleen, die ganze Tristesse des realen Sozialismus. Seine Stimme ist Trost gewesen. Wenn so einer Kommunist war, konnte der Kommunismus nicht falsch sein. Montand mit seinem großen Mund, dem durchtrainierten Körper, der proletarischen Ausstrahlung. Montand, der aus kleinen Verhältnissen kam, von unten, um nach oben zu steigen.

Yvo, monta, hatte seine italienische Mutter immer gerufen, Yvo, komm rauf! Daraus wurde der Künstlername Yves Montand.

Montand trug bis an sein Lebensende ein Zeitungsfoto in der Brieftasche, jenes Bild von dem schwarzhaarigen kleinen Jungen mit der Mütze, der zum Heulen hilflos die Hände hob vor den Deutschen, die ihn zusammen mit anderen polnischen Juden aus dem Warschauer Getto abführten.

Das hätte ich sein können, hat er gesagt.

Montand wandte sich als einer der ersten vom Kommunismus ab, voller Enttäuschung und Wut, nachdem er von Stalins Verbrechen erfahren hatte. Wir haben ihn damals nicht verstanden, doch wir haben nie aufgehört, seine Chansons zu hören. Sie taten gut, weil sie von Bootsfahrten auf der Seine erzählten, von Umarmungen und

Trennungen, von Herbstblättern, mit denen die Erinnerung verweht. Es waren Lieder, »an denen die Kümmernisse kleben bleiben wie Fliegen an den Fliegenfängern«. C'est si bon, Montand.

Himmelfahrt

Der Krieg hat einen langen Arm. Noch lange, nachdem er vorbei ist, holt er sich seine Opfer. (Martin Kessel)

An einem heißen Pfingsttag des Jahres 1969 kamen Judy und Henri um ein Uhr nachts nach Hause. Sie waren bei Freunden und hatten den ganzen Abend das Musical »Hair« gehört, die Auflehnung der Hippies gegen den amerikanischen Way of life. Singen, tanzen, träumen, auch im Namen der vielen jungen Amerikaner, die im Vietnamkrieg gefallen waren. Let the sunshine in your heart! – Lass die Sonne in dein Herz!

Henri schloss die Wohnungstür auf, auf dem langen, roten Kokosläufer lag ein Zettel, der durch den Briefschlitz an der Wohnungstür gesteckt worden war: »Ihr Vater liegt im Leichenschauhaus« stand da in fremder Schrift: »Ihr Vater liegt im Leichenschauhaus«.

Das Wort Leichenschauhaus passte nicht in Judys Leben, ihr Vater war keine Leiche.

Mein Gott. Papa. Du bist doch erst siebenundvierzig. Aus der Traum vom Leben nach dem Sterben. Selbstmord, dachte Judy, Selbstmord; Papa hat sich das Leben genommen.

Sein Leben war nun eindeutig fragmentarisch geblieben. Judy konnte ihn nichts mehr fragen, er konnte ihr nichts mehr sagen. Sie hatte Angst, ihn identifizieren zu müssen, den siebenundvierzigjährigen Toten im Leichenschauhaus; Henri wollte das für sie tun.

Nein, nein, sagte der Beamte in der Hannoverschen Straße zu Henri, Sie müssen ihn nicht identifizieren, er hatte ja alles bei sich. Und las vor: »Ein Schlüsselbund, ein Taschentuch, Fotos von einer Frau und einem Kind. Sechzehn Mark zwanzig, acht Zigaretten, Marke Casino und einige unwesentliche Kleinigkeiten.«

Willi, Überlebender des Zweiten Weltkriegs, Vater eines Mädchens. Aktivist der sozialistischen Arbeit, Aufsteiger, Alkoholiker, zuletzt Gelegenheitsarbeiter, Willi war am Morgen des Himmelfahrtstages 1968 auf offener Straße gestorben, als er ein Netz mit leeren Bierflaschen in eine Kneipe bringen wollte. Die Kneipe lag in der Nähe des Ostbahnhofs, der früher Schlesischer Bahnhof hieß und auf dem der Heimkehrer zwanzig Jahre zuvor angekommen war, äußerlich unversehrt.

Als Todesursache wurde eine Lungenembolie festgestellt. Willi hatte tagelang Schmerzen gehabt, berichteten Zechbrüder, er war nicht zum Arzt gegangen, weil er keinen gültigen Sozialversicherungsausweis hatte.

Judy telefonierte mit Willis neuer Frau und bat sie, nicht ihre Mutter zu benachrichtigen, die zum Fernstudium in Meißen war. Es könnte sie erschrecken, und sie würde dann die Prüfung nicht bestehen.

Ihre Mutter muss schließlich wissen, dass sie Witwe geworden ist, sagte die Frau am Telefon. In ihrer Stimme zitterte die Enttäuschung. Willi hatte sich nicht scheiden lassen, er war der Mann seiner Frau geblieben. Margits Mann.

1989 drehte Henri »Knabenjahre«. Ein Gespräch mit vier Männern: ein Pfarrer, ein Psychologe, ein Bühnenbildner, der Regisseur selbst und ein Hauptabteilungsleiter. Die Männer stehen in diesem Film vor einem großen Spiegel, spiegelverkehrt, doppelbödig, janusköpfig, sie berichten über ihre Kindheit in der Nazizeit. Ein Aquarium assoziiert Gefangenschaft und Geborgenheit. Als musikalischer Background Carmina burana von Carl Orff. Wörter von unheimlicher Magie laufen über das Aquarium, Wörter aus der Kindheit, aus der Nachkriegszeit.

Wie entsteht so ein Film?, fragte ein Journalist.

Unter anderem aus Wut, antwortete Henri, der Regisseur, du hast eine Geschichte wie Millionen Leute, die 1945 so zwölf bis sechzehn Jahre alt waren, und niemand redet darüber, wie wir kleine Nazis wurden, wodurch und warum ... Wir haben das doch alle verdrängt, individuell wie gesellschaftlich ... Wenn man Antifaschismus zur ständigen Sisyphus-Arbeit erklärt, dann ist das keine Phrase.

Utopien sind größenwahnsinnig

Die Vorstellung von einer anderen Gesellschaft bleibt ein Kraftquell. (Heiner Müller)

Judy glaubte noch immer an die Utopie einer neuen Gesellschaft, an das Glück eines Zusammenlebens ohne Konkurrenz und Karrieredruck. Daran, dass die Ausbeutung des Menschen durch den Menschen für immer vorbei sein könnte. Ein Glaube, der sich auflöste, aus dieser Kirche traten viele aus, sie wechselten zur Teilnahmslosigkeit.

Widersprüche ohne Lösung: Während in Prag sowjetische Panzer gegen den Sozialismus mit menschlichem Antlitz rollen und alle Hoffnung auf Bewegung, Reform und Veränderung niederwalzen, dem marxistischen Weltbild zum Hohn, brandet aus dem Westen eine unerwartete Renaissance des Marxismus gegen den Eisernen Vorhang. Jugend will die Welt verändern, Jugend steht auf, Jugend fordert die Aufklärung der Vergangenheit ihrer Väter. Sie heben die Fäuste und singen die Internationale. Sie tragen die Porträts von Liebknecht und Luxemburg, Marx und Lenin, Che Guevara und Ho Chi Minh durch die Straßen und verteidigen sie gegen Polizei und Wasserwerfer.

Ikonen, die an den Bürowänden der DDR zu Altpapier vergilben. Losungen gegen den Vietnamkrieg und die Unterdrückung der Dritten Welt, die im Osten nur noch als

Phrasen wahrgenommen werden. In der DDR werden die Bilder von Che Guevara aus Fernsehberichten über die Studentenbewegung im Westen rausgeschnitten. Der Guerillero gilt als Anarchist. Kaum ragt auf einem Foto eine Baskenmütze ins Bild, schon werden die Funktionäre nervös. Unsere Barrikade ist der Bauplatz, sagen sie, und Walter Ulbricht rät: »Auf die Straße zu gehen, haben unsere Studenten nicht nötig. Sie lernen fleißig und singen fröhliche Lieder.«

Einer ist da, der schreit Judy aus dem Herzen – Rudi Dutschke, der in Luckenwalde aufwuchs. Die Worte, die er heiser in die Menge schreit, sind ihr nicht fremd. Sie kennt sein Denken, es ist dialektisch. Er haucht dem Sozialismus Frische und Zeitgeist ein. Achtundsechzig ist die vorübergehende Sanierung der sozialistischen Utopie.

»Was ist revolutionär?«, wird zum Thema in der Redaktion des »Sonntag«. In einem ihrer Texte stellt Judy die Frage, ob es richtig sei, dass die Bequemlichkeit des Denkens zur Gewohnheit und das Mittelmaß zum Maß aller Dinge werde. Der Text erschien vorsichtshalber als Leserbrief, weil in ihm »nicht alles zu Ende gedacht« sei.

Judy glaubte an ein sozialistisches Land mit Jazz und Rock'n'Roll, grandiosen Filmen, genialen Büchern, revolutionärem Theater. Mit Männern, die sich nicht nur als Ehemänner, sondern auch als Gefährten bewährten, mit selbstbewussten, fröhlichen Frauen und lernlustigen Kindern. Und dass die Mauer wieder verschwindet.

Hört sich übertrieben an, Utopien sind und bleiben größenwahnsinnig.

Mit den Sechzigerjahren ging die Aufbruchphase der DDR zu Ende, für immer. Stillstand hier, Revolution im

Westen. Die Beatles singen »All you need is love«, die Rolling Stones »Sympathy for the devil«. Rote Fahnen wehen auf dem Kurfürstendamm. »Jünglinge stehn in Universitäten / und Söhne auf, die ihre Väter hassen.«

Die sozialistische Utopie hatte sich nicht erfüllt, und doch war Judy froh, zwanzig Jahre lang mit einer Utopie gelebt zu haben. Der Glaube an Fortschritt, Sozialismus und eine bessere Welt, »ein Traumbild ohne die Chance, ins Wirkliche überzutreten« (Friedrich Dieckmann).

Judy vertraute der Chance des Traumbildes, dafür nahm sie die Enttäuschung durch das Wirkliche in Kauf, denn eine Jugend ohne Utopie ist verloren. Das Paradies ist ein Puzzle aus Momenten. Man muss sie erkennen und festhalten. Im Gedächtnis der Gesellschaft und in seinem eigenen.

Irgendetwas fehlt immer an der Vollständigkeit eines Puzzles, das auf Rätsel und Verwirrung baut. Eine Frage der Zeit, wann das fehlende Stück vermisst wurde – die Südfrucht, die Meinungsfreiheit, die Welt? Zweifel greifen Raum, leise rumort der Stillstand. Die Jugend im Osten fühlt sich alt, trotz Jugendmode, Jugendkommuniqué, trotz jugendgemäßer Tanzmusik, Singeklub und Lyrikbewegung.

Lady Madonna

Drei Dinge sind uns aus dem Paradies geblieben: die Sterne der Nacht, die Blumen des Tages und die Augen der Kinder. (Dante Alighieri)

Die Geburten von Simone und Sophie waren die Ereignisse der Siebziger. Beide wurden in der Geburtsklinik der Charité in der Tucholskystraße geboren, Simone nach elf schweren Stunden, das kleine rote Kofferradio spielte zur Begrüßung »Lady Madonna« von den Beatles.

Ah, da ist ja unser kleiner Beatle, sagte die Hebamme, die das Neugeborene auf dem Arm hielt, als Henri Judy besuchte.

Ah, da ist ja unser kleiner Rolling Stone, sagte acht Jahre später die Stationsschwester, als sie Sophie ihrem Vater vorführte.

Sophie war schon nach vierzig Minuten auf die Welt gekommen, eine sogenannte programmierte Geburt. Die bedeutete für Mutter und Kind nahezu wahnsinnigen Schmerz; für das Klinikpersonal war es praktisch, die hatten an den Wochenenden weniger zu tun, alles lief jetzt nach Plan, Planwirtschaft eben.

Judy konnte nach den Geburten nicht schlafen, die Erschöpfung war zu groß, das Wunder unfassbar.

Margit, die Großmutter, kommentierte Sophies Blitzgeburt auf ihre Art: Sophielein kam auf die Welt wie eine Betrunkene, die aus einer Eckkneipe geschmissen wird.

Willi, der Großvater, ist seit neun Jahren tot. Er konnte seine Enkelkinder nicht mehr anfassen, ihnen nicht in die Augen sehen, nicht ihre dunklen Löckchen um den Finger wickeln.

Margit liebt einen anderen Mann. Henri und Judy durchleben, was man eine Ehekrise nennt.

> Liebe Judy,
> ich habe die Hoffnung, dass der Abgrund zwischen uns sich wieder schließen lässt. Ich muss Dir sagen, dass die letzten Begegnungen mit Dir mich glücklich gemacht haben, auch der Abschied am Moskau-Zug, als Du zum Filmfestival gefahren bist.
> Ist es nicht schön, dass ich Dich, wie an dem Morgen vor dem Linden-Espresso, noch an den Füßen erkenne? ... Du bist das rundherum Beste, was mir in meinem Leben zugestoßen ist. Nicht wegzudenken und ganz unersetzbar. Du weißt, dass ich keine andere Zukunft für möglich halte als unsere gemeinsame ... Du bist mit Deinen Kräften am Rand ... Ich habe Dich allein gelassen mit allem, was als neue Anforderung vor Dir stand ... Wenn man jemanden allein lässt, direkt neben sich, mit allem Gepäck, darf man da noch von Liebe reden?

Simone und Sophie schliefen in einem Etagenbett. Sophies Bettteil ließ sich reinschieben und rausziehen. Die Kleine verlangte, dass die große Schwester Abend für Abend ihre

Hand herunterreichte und die Hand ihrer kleinen Schwester die halbe Nacht in ihrer hielt.

Oh Manno, sagte Simone und schickte sich drein.

Im Internet entdeckt jemand eine Filmeinstellung. Der Finder erkennt Judy, obwohl es vierzig Jahre her ist, dass dieser Filmschnipsel entstand, von dem Judy nichts gewusst hatte. Sie ist in der Filmeinstellung so um die dreißig, Simones Geburt liegt noch nicht lange zurück, und Judy trägt ein russisch inspiriertes, gehäkeltes Dreiecktuch um Kopf und Schultern. Sie sieht ihr Alltagsgesicht von damals, ihre Gestik, ihre Mimik. Wie sie lief an jenem vergessenen Tag. Wie sie sich an einer engen Stelle irgendwo am Alexanderplatz an irgendwas vorbeischlängelte, mit Alltagsgedanken im Kopf. Der Filmschnipsel war angehängt an eine Fernsehreportage über die Entstehung der »Karat«-Hymne »Über sieben Brücken musst du gehn, sieben dunkle Jahre überstehn«.

Keiner ihrer Freunde hatte sich Judy als Mutter vorstellen können, warum eigentlich nicht? Wie hatte eine Mutter zu sein? Judy wusste es nicht, sie wusste nur, dass die Leichtigkeit des Seins ab jetzt schwerer wog und dass es nichts Wichtigeres gab als Simone und Sophie. Judy schrieb sich ihre Überforderung von der Seele, der Text erschien unter der Überschrift »Die Pflicht zur Erziehung«:

»Putz dir die Zähne, sitz nicht so nahe am Fernseher, räumt euer Zimmer auf, bring endlich den Mülleimer runter, mach deine Matheaufgaben, iss nicht so viel Süßigkeiten, sitz grade, sei nicht so bequem, das macht dick, zieh dir Hausschuhe an. Man badet nicht mit vollem Magen, wer hat wieder den Kugelschreiber vom Telefon weggenommen, bitte nicht in diesem Ton, ja? Licht aus, Musik leiser. Wenn du jetzt nicht lernst, kannst du dein Leben lang Brauseflaschen zumachen, hört auf, rumzutoben, ab halb acht wird nicht mehr Klavier gespielt, kannst du dir das wohl mal merken. Tür zu, es ist geheizt! Tür zu, hab ich gesagt, sprich nicht wie 'n Baby, das ist nicht niedlich, falls du das denkst, wenn du jetzt nicht endlich ins Bett gehst, gibt es keine Geschichte heute, nörgel nicht immer mit der Kleinen rum, hör, was deine große Schwester sagt, wenn du jetzt schon Kniestrümpfe anziehst, musst du dich nicht wundern, wenn du Bauchschmerzen kriegst, Hausschuhe an, hab ich gesagt, bummel nicht so, auf dem Klo werden keine Kreuzworträtsel geraten, andre wollen auch ins Bad, schaukle nicht so doll, sonst wird die Schaukel wieder abgemacht, gib nicht so freche Antworten, zieh die Hausschuhe an, hatte ich das nicht schon mal gesagt?«

Die Kinder hatten im langen Korridor eine Schaukel, wovon Judy ihre ganze Kindheit lang geträumt hatte, sie besaß nie eine Schaukel. Kinder müssen schaukeln, unbedingt.

Ein Freund, der Teufel genannt, Maler und Antiquitäten-Liebhaber, beherrschte fast jedes Handwerk, er malte, tischlerte und half an allen Ecken und Enden, ohne ihn wäre die Schaukel niemals montiert worden, ohne ihn hätte sich ein alter Kneipentisch nicht in einen Küchentisch verwandelt, gebeizt und mit Intarsien geschmückt, damit jedes Familienmitglied seinen Platz fand.

Hast du davon gewusst, Mama?

Schuld oder Unschuld eines ganzen Volkes gibt es nicht. Schuld ist wie Unschuld nicht kollektiv, sondern persönlich. (Richard von Weizsäcker)

Sie ist lange schon tot, aber im Friedrichshain lebt sie noch. Sie trägt wie immer ihr Pepitakostüm. Ihr Haar ist rot gefärbt, ein unerhörtes, lächerliches Rot, sie ist resistent gegenüber dem Urteil anderer, sie ist eine Autonome. Und wie immer sieht sie jünger aus, als sie ist.

Bunkerberg, Ententeich, Märchenbrunnen, Momente, glückliche und gefährliche.

Manchmal, so erzählt Margit Judy, hört sie noch heute die Geräusche herannahenden Unheils. Das Brummen der Flieger, das Summen der Bomben, bevor sie aufschlugen ...

Judy erkennt ihre Mutter genau, Brust raus, Bauch rein, ihr rechter Strumpf hat eine Laufmasche. Einmal dreht sie sich um, sieht Judy an und will weitergehen. Sie verlässt die Nummer 14, das feldgraue Haus in der Fünfzigerjahre-Siedlung am Ende des Bötzowviertels.

Eigentlich, so sagt Margit, hätte die Gegend nicht Grüne Stadt heißen dürfen, sondern Kahle Hoffnung. Kein Baum, kein Strauch, alles kahl, Häuser wie Bunker.

Dass ihr so was schön gefunden habt, murmelt Judy, mir hat das nie gefallen.

Was heißt schön?, antwortet Margit, Hauptsache, eine Wohnung.

Alle meine Entchen schwimmen auf dem See, Köpfchen in das Wasser, Schwänzchen in die Höh ..., summt Margit vor sich hin. Hat sie das dem Kriegskind Judy vorgesungen, oder sang sie es für Sophie und Simone, ihre Enkelkinder, die da die Enten fütterten?

Komm, Mama, wir gehen zu mir nach Hause, ich habe Eclairs gekauft und Cremehütchen.

Meine Schuhe scheuern, sagt Margit, ich hätte doch lieber die 41 nehmen sollen. Sie zieht die Schuhe aus und geht barfuß. Zu Hause kocht Judy eine große Kanne Kaffee und bereitet ein Fichtennadel-Fußbad; es soll gemütlich sein.

Ah, Maiglöckchen, sagt Margit jedes Jahr im Mai und riecht an dem Sträußchen in ihrer Hand. Der Duft der Maiglöckchen bringt ihr das Kriegsende in Erinnerung.

Je älter Judy wurde, desto sicherer war sie, dass ihre Mutter, ein junges Mädchen, das unter Hitler aufwuchs, einen seelischen Schaden mit Langzeitfolgen erlitten hatte. Die Überreste der Nazi-Ideologie steckten in Margit wie Blindgänger in der Erde. Judy fühlte sich verpflichtet, diese Munition in ihrer Mutter aufzuspüren und zu entschärfen.

Judys Mutter ist achtundfünfzig, als sie sich Ende der Siebzigerjahre des vorigen Jahrhunderts am Küchentisch gegenübersitzen. Eine präsente Frau mit auffallend zarten Händen, eine Frau mit einem Selbstbewusstsein, das einschüchternd sein konnte. Judy, ihre Tochter, die Journalistin, hat sie zu einem Interview gebeten und würde sie zwingen, sich an das zu erinnern, was sie vergessen wollte.

Sie trinken Kaffee. Margit greift nach den Eclairs, die sie Liebesknochen nennt.

Ich bin ein Renaissance-Mensch, sagt Margit in herrischem Ton, sie versteht den Begriff auf ihre Weise: Konfektionsgröße 46 und unerschrockenes Vorgehen.

Hast du davon gewusst, Mama?

Judy will, dass sie von ihrer Schuld berichtet, sie will, dass sie es endlich zugibt. Wie die Kleiderjuden in der Münzstraße, hatte Margit erschrocken ausgerufen, als Judy und Henri ihr erstes Kind, falls es ein Junge werden würde, Benjamin nennen wollten.

Die haben da mit alten Kleidern gehandelt, die Juden, sagt Margit, wie findest du eigentlich meine neue Bluse, die habe ich vorige Woche im Exquisit in der Leipziger Straße gekauft, hundert Mark, viel Geld für Polyester.

Hast du davon gewusst, Mama?

Margits Augen füllen sich mit Tränen, und sie schreit, dass sie sich nicht schuldig fühle: Ich hatte nichts damit zu tun, gar nichts!

Sie wird rot. Vor Scham, vor Verzweiflung, vor Wut. Von dem vielen Kaffee wohl auch. Judys Mutter errötet vor ihrem Kind!

Hast du davon gewusst, Mama?

So ehrlich soll ich sein? Ich finde das entsetzlich, wenn ich das alles sagen soll, so ehrlich. Besonders nach dem Film

»Jud Süß« hat man sich von den Juden distanziert, ich gehörte auch zu denen, die nichts mehr mit ihnen zu tun haben wollten. Opa war mit seinen jüdischen Freunden zusammen in einem Theaterverein, sie gehörten zu uns. Und nun ging man an Menschen, die man mal gut gekannt hatte, einfach vorbei, die mit dem gelben Stern waren vergessen. Meine Schulkameradin Rosi Bernstein war sehr hübsch, sie hatte einen Bruder, der hieß Hans, sie ist während ihrer Hochzeit abgeholt worden, die Nazis warteten, bis alle Verwandten da waren – sie nahmen alle mit. Auch meine Freundin Lilli ist abgeholt worden, und die Freunde meines Vaters aus dem Theaterverein, die sind alle abgeholt worden.

Margit nimmt das Meerschweinchen aus dem Glaskäfig und drückt es an sich.

Am Arnswalder Platz, sagt sie, da stand mal ein Lastwagen, darauf wurden Leute verladen, sie haben geweint und gejammert. Es ist merkwürdigerweise niemand stehen geblieben, es war doch Berlin, die Berliner waren immer neugierig, aber es blieb niemand stehen, ich bin auch weitergegangen. Vielleicht waren SA-Männer dabei, die befohlen haben: Weitergehen! Jahre später noch war mir, als hätte ich meine Freundin Nelly Gustanowitz auf dem Lastwagen gesehen.

Wie war ich als Kind, Mama?

Du bist blass, blauäugig und still mitgetrabt, was geht in einem dreijährigen Kind vor, das im Krieg aufwächst?

Habe ich geweint?

Eigentlich nie.

> Auch nicht, wenn mir kalt war, oder wenn ich Hunger hatte?

Nein, du hast dann gesagt: Mir ist kalt. Oder: Ich habe Hunger. Für dich war alles selbstverständlich. Auch, dass du nachts bei Alarm aus dem Bett gerissen wurdest, wie ein Affe darauf trainiert, mir am Hals zu hängen, wenn wir, manchmal schon unter Beschuss, zum Bunker rennen mussten.

> Woran denkst du, wenn du an das Ende des Krieges denkst?

Dass du dich heute noch an das Schild erinnerst, das ich dir umgehängt habe, das ist gemein. Ich war dumm, das weißt du genau.
Margit hat alle Cremehütchen aufgegessen und guckt durch das Küchenfenster auf eine Pappel: Ich denke an das Gefühl, ohne Angst wieder in den Himmel sehen zu können. Dass ich endlich wieder schlafen konnte. Schlafen. Endlich schlafen.

> Hast du davon gewusst, Mama, sag es mir!

Niemals vergisst Judy das hilflose Zittern ihrer Unterlippe. Margit, ihre Mutter, tut ihr leid. Judy, eine erwachsene Frau, verhört ihre eigene Mutter über eine Zeit, als sie ein blutjunges Mädchen war. Mit welchem Recht eigentlich hat Judy sie genötigt, sich schuldig zu bekennen? Rede und

Antwort stehen wollte Margit ihr nicht, sie wollte, dass sie ihr zuhört. Als Tochter, nicht als Revisorin.

Weißt du, sagte Margit, man ist immer geneigt, seine Jugend zu verklären, das Schlimme zu vergessen.

Das Vergessen ist der Schutzengel der Erinnerung, Mama, sagte Judy, und es war ihr peinlich, dass sie für alles eine schöne Formulierung fand.

Ich hab heut Nacht Paris gesehn

Aus dunklem Wein und tausend Rosen rinnt die Stunde rauschend in den Traum der Nacht.
(Rainer Maria Rilke)

Die Wartewelt der Achtziger. Jeder wartet auf irgendwas. Auf die Genehmigung des Ausreiseantrags, auf das vor zwölf Jahren bestellte Auto. Rentner lauern auf ihre Reise nach Westdeutschland, Künstler auf die Genehmigung eines Arbeitsaufenthalts in Paris.

Alle anderen warten auf Westbesuch und Gastspiele von beliebten Rockmusikern. Irgendwann darf auch Udo Lindenberg kommen, am 25. Oktober 1983 tritt er im Palast der Republik im Rahmen einer FDJ-Veranstaltung für den Weltfrieden auf, der Auftritt dauert fünfzehn Minuten, geht aber vor dem Palast der Republik weiter, da warten seine Fans.

Henri wird fünfzig. Darauf hat er nicht gewartet. Fünfzig hört sich satt an, gediegen, alt. Geburtstag ist Geburtstag. Die kleinen Türen der »Offenbachstuben« stehen weit offen. Alle kommen, die Henris Leben irgendwann berührt haben. Achtzig geladene Gäste. Feinde waren nach dem Fest keine Feinde mehr, und Freunde wurden heftig umarmt, denn Henri war froh, dass sie alle noch da waren.

Judy trug ein schwarzes enges Kleid, Simone, ihre dreizehnjährige Tochter, fand das Kleid zu weit ausgeschnitten und ihre Mutter zu alt, um so was zu tragen. Jahre später sah Judy sich die Fotos vom Fest an, Wodka tut der Schönheit nicht gut, das sah man. Vicky Leandros sang »Ich habe die Liebe gesehn ...«. Und Herr Gütschow, der hübsche Oberkellner, der Männer liebte, tanzte mit Judy Foxtrott: »... mit einem Blick in deine Augen«.

Henris Gäste wunderten sich über die Großzügigkeit der Gastgeber: Die Zigaretten sind auch umsonst?, staunten sie.

Das Buffet der »Offenbachstuben« war überbordend, Wodka und Wein flossen reichlich, das Fest war lustig. Kein Haus, kein Auto, keine Schrankwand, dafür ein unvergesslicher Abend, das lohnt sich.

Das Ballett des antiken Puppentheaters neben dem Eingang tanzte nach Operetten-Hits. Wenn man zwei Groschen in den Apparat steckte, brach es los, das »Pariser Leben« von Jacques Offenbach: »Ich kann's noch gar nicht recht verstehn / Das lang ersehnte große Wunder ist geschehn – / Ich hab' heut Nacht Paris gesehn.« Henri kannte Text und Musik vom »Pariser Leben« auswendig: »Jetzt geht's los, rettungslos, rettungslos, jetzt geht's los, sehr gefährlich, aber herrlich ...«

Die Stimmung war groß, die Gäste-Melange spannend, getanzt wurde auch. Politisiert nicht. Getrunken eine Menge. Einige küssten sich vor Seligkeit.

Sie standen alle in der Mitte ihres Lebens, zwischen vierzig und fünfzig, manche erst in den Dreißigern. Was würde passieren mit ihnen, was mit diesem Land? Würde das Dasein im Halbschlaf irgendwann ein Ende haben?

Licht ausknipsen und den mit Papierpalmen dekorierten Irish Coffee feierlich flambieren reicht nicht aus, um an die Zukunft zu glauben. Da gab es andere Feuer, und es gab Herzen, die sich an anderen Flammen verbrannten.

Morgens um vier fuhr der Lieblingskellner mit den seeblauen Augen das Geburtstagskind samt Judy in seinem Auto nach Hause, vollgepackt mit Blumen, Geschenken und guten Wünschen. Henri fiel in seinem neuen Anzug trunken ins Bett. Judy konnte nicht einschlafen, sie dachte an all die Freunde, die ausgereist waren, und an all die Nachbarn, die demnächst ausreisen würden, aber auch an jene, die blieben.

Arno Fischer und Sibylle Bergemann gelang es Ende der Siebzigerjahre, die große, abgewohnte Altbauwohnung am Schiffbauerdamm 12 mit Blick auf die Weidendammer Brücke und den Bahnhof Friedrichstraße zu mieten, und dort so etwas wie ein Fotoparadies einzurichten, einen Sehnsuchtsort, in dem auch ihre kläffenden Hunde und die sprechenden Vögel ihren Platz hatten, dazu die exotischen Pflanzen, die Sibylle von ihren Reportagereisen mitbrachte, Palmen, Oleander, Urwaldgewächs. Alte Samtdecken, alte Puppenköpfe, alte Corsagen, alte Handtaschen und die vielen anderen Gegenstände, die diese Wohnung zu einem Ort zwischen Trödelmarkt und Museum machten.

Eine Wohnung wie ein Bühnenbild, sagte der Theatermann Peter Palitzsch, die Einrichtung für ein Stück zwischen Ibsen und Horvarth. Heiner Müller und Sibylle, deren Fotos von der Entstehung des Marx-Engels-Denkmals Müller sehr schätzte, sprachen über New York: Bevor man stirbt, sollte man New York gesehen haben, einen der großen Irrtümer der Menschheit. Einer der Vögel pfiff, wie der Meister es ihm beigebracht hatte, die amerikanische Nationalhymne.

Viele Jahre trafen sich hier Leute, die mit dem Bildermachen zu tun hatten. Fotografen, Redakteure, Schriftsteller, Kamera-Experten, Models. Auch Cartier-Bresson und Helmut Newton kamen, um sich Fotos von Arno und Sibylle anzusehen.

Die hier wohnten und arbeiteten, hatten eine Vision von den Bildern des Landes, in dem sie lebten, und die Erfahrung, was passiert, wenn Fotografie auf das bloß Informative oder das bloß Dekorative reduziert wird, die Fotografie stand für das Ganze. Hier war es, wo erst dem Schnappschuss der Krieg erklärt wurde, dann dem leeren Lachen der sozialistischen Helden und, solange es ging, dem Geldverdienen.

Der Altar der Fotografie verlangte Opfer. Über dem weißen Sofa Ramosa hing Arno Fischers Selbstporträt. Fischer als Mafiaboss, mit Hut, Augenklappe und Revolver.

Man trug vorwiegend Schwarz bei Fischer/Bergemann, und man sah vorwiegend melancholisch aus. Es gab mit Käse überbackene Hackepeterbrötchen und Lichtenberger Weizen-Doppelkorn. Fischer legte Pink Floyd auf, Leonhard Cohen, Tom Waits. Hier war es, wo die gemeinsame Sache Fotografie lebendig gehalten wurde durch permanentes Überprüfen und Vergleichen. Wo eine einzige Form der Solidarität zählte, die Solidarität mit dem besten Foto. Es ging um Phantasie und Widerspruch, um die Wahrheit des Bildes und die des Landes, so hoch war der Anspruch. Gegen die DDR, für die DDR.

Henri und Arno saßen eine Weile in der Küche, tranken Schnaps und sprachen wieder mal über die Fotos für die Stelen des Marx-Engels-Denkmals, für die die beiden verantwortlich waren und von denen manche zerkratzt wurden. Waren es Gegner des Marxismus oder einfach nur wütende Passanten? Arno, Arno, Arno, krächzte der Papagei in seinem Käfig.

2006 mussten Arno und Sibylle raus aus der von ihnen so geliebten Wohnung. Der Abschied vom Schiffbauerdamm dauerte drei Tage. Das Haus sollte saniert werden, die Wohnungen würden sehr viel teurer. Sibylle wurde sehr krank, sie sagte manchmal, das käme daher, dass sie den Schiffbauerdamm verlassen musste.

Irgendwann in der Nacht änderte sich die Stimmung. Aus der schüchternen Sibylle brach Übermut, Fischer tanzte mit einem Stuhl Tango und kicherte. Die Welt war absurd, in ihrer Schönheit wie in ihrer Versehrtheit, der fotografische Salon am Schiffbauerdamm ließ die Melancholie sein und lachte sich kaputt.

Arno und Sibylle zogen in ein Haus auf dem Land: Margaretenhof; dort traf man sich zu neuen Festen. Etwa zwanzig Jahre nach der Wende feierten die alten Freunde einen Geburtstag. Sie waren sich lange nicht begegnet. Als Mittvierziger hatten sie sich aus den Augen verloren und sahen sich nun als Sechzigjährige wieder. Micha Weidt, der Fotograf, zeigte eine unkaputtbare Ähnlichkeit mit Udo Lindenberg, in tapferer Treue war er mit seinem Idol gealtert, alles klar auf der Andrea Doria. Ein jeder verfiel für sich in Nachdenklichkeit. Nach dem ersten Schock sahen sie sich ein zweites Mal an, und Micha rief: Wie sehn wir denn aus! Er schrieb die Worte mit roter Tusche auf eine große Pappe und hängte sie als Transparent über die festliche Tafel: Wie sehn wir denn aus!

Dasein im Halbschlaf

Der Westen hat keine Ideale mehr, der Osten hat ein Ideal: den Westen. (Henri)

Es begann die Zeit der Gleichgültigkeit. Der Aufbruch verwandelte sich in Abbruch, in lähmende Stille. »Gleichgültigkeit bezeichnet einen Wesenszug des Menschen, welcher Gegebenheiten und Ereignisse hinnimmt, ohne diese zu werten, sich dafür zu interessieren, sich ein moralisches Urteil darüber zu bilden oder handelnd aktiv zu werden, um diese zu ändern« – so die Definition, von der Henris und Judys Verhalten und das ihrer Freunde erheblich abwich. Sie werteten und bewerteten, sie bildeten moralische Urteile, erfanden Witze über die Unfähigkeit des Sozialismus, denn lustig sollte es auf alle Fälle sein, zumindest tragikomisch.

Es breitete sich Gleichgültigkeit aus. Zwanzig Jahre Utopie, zwanzig Jahre Verfall der Utopie. Plötzlicher Untergang, so plötzlich wie erwartet. Die Fünfziger- und Sechzigerjahre hatten die sozialistische Utopie aufrechterhalten, der Zauber des Nachkriegs, mit dessen hellem Schein der materielle Mangel ausgeglichen wurde, ließ die Sozialismus-Gläubigen großzügig über die Mankos der sozialistischen Republik hinwegsehen. Die Siebziger- und Achtzigerjahre ließen die Utopie links liegen und wandten sich mehr und mehr dem Kleinbürgerlichen zu. Die Idee verzog sich sonstwohin, die Gleichgültigkeit produzierte Individualismus. Man zog sich aus der sozialistischen Menschengemeinschaft zurück und organisierte sich ein bequemes Privatleben.

Im Osten herrschten die misstrauischen Maßstäbe der alten Generation. Es mangelte nicht nur an Welt, es mangelte an Jugend. Als wir jung waren, schwärmten die Funktionäre, sind wir zweimal die Woche in die Turnhalle gegangen, anstatt in Cafés rumzusitzen. Das ewige Yeah, Yeah, Yeah der ungekämmten Beatles, das ist doch geistlos, dieser dreckige Rock'n'Roll und der anzügliche Twist, das kommt alles aus dem Westen. Unsere Tänze, predigten die alten Männer, unsere Tänze sind der Lipsi und der Kasatschok, gepflegt und kulturvoll.

Die Angst der Funktionäre vor dem Individualismus ging um, dem Individualismus an Oberschulen, Universitäten, in Redaktionen, Verlagen und Filmstudios. Das Individuum an und für sich war eine Gefahr für den Sozialismus, Jugend an sich war eine Gefahr. Alles war eine Gefahr. Das Ich ging unter im Wir. Es blieben die Träume von der Ferne. Paris, New York, Malaga.

Die Sehnsucht blieb, die Träume kamen. In der Morgenkühle kam in Berlin-Friedrichstraße auf Bahnsteig A eine zufällige Gemeinschaft von Einzelgängern zusammen, in der Mehrzahl Männer und Frauen im Rentenalter. Sie trugen Vulkanfiberkoffer mit Namensschildern dran. Vor Aufregung erstarrt, lauschten sie den Befehlen der Grenzoffiziere, die blechern aus den Lautsprechern tönten. Dazu kamen fünf oder sechs jüngere Dienstreisende, denen die Freude auf die bevorstehende Westreise keineswegs von den Gesichtern abzulesen gewesen ist, dies wäre verdächtig, deshalb bemühten sie sich um den Ausdruck missmutiger Alltäglichkeit.

Treten Sie von der weißen Linie zurück!, herrschte eine Stimme.

Die weiße Linie war, etwa einen Meter weg von der Bahnsteigkante, auf den Boden gemalt, ein strikter Strich, ein von Offizieren bewachtes Zitat der Mauer, das die Wartenden vom Zug in den Westen trennte. Auch wenn dieser längst bereitstand, durfte keiner einsteigen. Zuvor mussten die Reisenden frierend einer unheimlichen Zeremonie beiwohnen. Uniformierte mit Trittleitern untersuchten jedes der leeren Abteile, sahen unter die Sitze, hinter Gepäckablagen und Verschalungen der Toiletten. Schäferhunde hechelten auf den Schienen unter den Wagen lang, dressiert auf die Spuren heimlicher Passagiere.

Judy stand hinter dem weißen Strich und wollte nach Hamburg. Eine Dienstreise. Ein Zug aus Basel fuhr ein. Fünf Fahrgäste stiegen aus, unter ihnen eine alte Frau mit zwei schweren braunen Kunstledertaschen, an einer war der Henkel abgerissen. Die Frau, übermüdet von der langen Reise, war beim Aussteigen sehr unbeholfen. Die Gepäckstücke, vollgestopft mit Sachen aus der westlichen Welt, zogen die Reisende mal nach rechts, mal nach links. Die alte Frau schwankte derart, dass eins ihrer wasserdicken Beine beinahe in die Lücke zwischen Zug und Bahnsteig geraten wäre. Am Ende schließlich fielen zwei bunte Illustrierte, die in der linken Tasche obenauf lagen, unter den Zug auf die Schienen. Wo sie geblieben waren, wagte die Frau nicht nachzusehen, stumm registrierte sie den Verlust.

Judy sah zu, wie sie sich mühte, und traute sich nicht,

den weißen Strich zu übertreten und ihr zu helfen. Ein heute kaum noch erklärbarer Respekt vor staatlicher Autorität, ungewisse Angst und die Befürchtung, das endlich errungene Visum zu verlieren, brachten Judy dazu, eine selbstverständliche Geste zu unterdrücken.

Genau neben der Tür, wo die Frau ausgestiegen war, auf dem weißen Strich, stand regungslos ein junger Grenzsoldat. Er hatte wohl das Abitur gerade hinter sich, sein Gesicht war nicht unsensibel.

Warum haben Sie der alten Frau eigentlich nicht geholfen?, rief Judy ihm halblaut zu.

Eine ganze Sekunde verging. Dann errötete der Soldat und sagte sehr leise, wobei er Judy nicht ansah und kaum die Lippen bewegte: Ich darf nicht.

Der weiße Strich war noch lange da und verblasste nach und nach. Gleichgültig, als hätte er niemals etwas bedeutet.

Fröhliche Nachbarn

Der freche Nachbar ist immer noch der angenehmste.
(Wilhelm Schlichting)

Die Platzingers wohnten über ihnen. Sie waren lebenslustig. Ihre schöne große Altbauwohnung verfügte über einen Balkon, der nur unter Lebensgefahr betreten werden konnte wie der ihrer Nachbarn in der dritten Etage, so was verbindet. Dazu kam das Prinzip der klassenlosen Gesellschaft, alle Menschen waren gleich. Fast alle.

Gitti war Friseurmeisterin, ihr Mann arbeitete in einer Spielzeug-Werkstatt, Henri im Defa-Dokumentarfilmstudio, Judy bei der Wochenzeitung »Sonntag«. Mindestens einmal pro Woche besuchten die Nachbarn sich, tranken Wein, redeten über Gott und die Welt und erzählten sich Witze über die DDR. Abwechselnd brachten Henri und Judy Wein und Gläser aus ihrer Wohnung im dritten Stock mit, das nächste Mal kamen Wolf und Gitti mit Wodka und Gläsern von oben, so war keiner benachteiligt. Sie redeten über ihre Arbeit und die Welt- und Konsumlage, über Henris Filmstudio und Judys Zeitung. Alle vergnügten sich, der Heimweg war kurz, die Scherze robust.

Am nächsten Morgen rief Wolf bei Henri an, der war allein, denn Judy war bereits in der Redaktion und die Meisterin in ihrem Salon.

Henri, ich hoffe, du weißt Bescheid, sagte Wolf von oben, in einer halben Stunde wird das Wasser abgestellt, du musst Wasser, so viel du kannst, in Badewanne, Waschbecken und Eimer einlassen, denn das wird eine Weile dauern mit den Klempnern.

Henri folgte brav der Aufforderung, Platzinger hörte von oben dem eifrigen Rauschen des Wassers zu und kicherte über seinen Nachbarn; er kam zu spät zur Arbeit, was ihm der Spaß wert war. Natürlich wurde das Wasser nicht abgestellt. Henri und Judy zehrten lange von den Vorräten.

Einmal reisten die Nachbarn gemeinsam nach Warnemünde und saßen eines Abends an der schicken runden Bar des Neptun-Hotels. Neben ihnen hatten zwei Männer Platz genommen, die aussahen, als würden sie was erleben wollen, sie kamen aus Magdeburg und tranken Gin. Was tun?

Judy fiel was ein: Sie zwinkerte Gitti zu, sie zwinkerte auch den beiden Magdeburgern zu und sagte: Das übrigens ist Frau Sommer von Jacobs-Kaffee.

Die Magdeburger schwiegen baff. Nach etwa fünf Sekunden sagte der eine: Dieser Vogel da soll Frau Sommer sein?

Gitti hatte in der Tat Ähnlichkeit mit Frau Sommer, allein schon die Frisur – eine Innenrolle. Sie nickte hoheitsvoll.

Die Zicke da soll Frau Sommer sein?, zweifelte der andere Magdeburger noch immer.

Sein Kompagnon wandte ein: Vielleicht ist sie es ja wirklich? Er holte sein Notizbuch aus der Jackettasche und bat Frau Sommer um ein Autogramm, was sie ihm auch gab: »Für Rainer in Warnemünde. Mit herzlichen Grüßen: Frau Sommer von Jacobs-Kaffee«.

Nun wollte der andere Magdeburger auch ein Autogramm: »Für Bernd von Frau Sommer«, schrieb Gitti, und es wurde ein verrückter Abend unter Aufsicht eines erfreulich perfekten Barkeepers.

Haste Werbetüten vom wunderbaren Jacobs-Kaffee mitgebracht?, fragte Bernd so gegen elf, Frau Sommer schüttelte die Innenrolle, und Platzinger zitierte Werbetexte: »Da lacht das Kaffeeherz«.

Gitti und Wolf stellten ein paar Wochen nach dem Warnemünde-Trip einen Ausreiseantrag, der auch bewilligt wurde, sie durften es nur nicht erzählen ... Eines Abends erzählten sie es doch. Judy war betrunken wie nie, sie versuchte zu sagen: Die Krönung der schönsten Stunden ist die Krönung von Jacobs-Kaffee.

Eine Vision von Welt

Alles, was man vergessen hat, schreit im Traum um Hilfe. (Elias Canetti)

Bunte, enge Straßen. Abendlicht. Paris, London, Westberlin, was weiß denn ich. Gedränge, Hummer, die in Körben liegen, Luft, die nach Benzin riecht. Die Türen der kleinen Kneipen stehen offen, Judy geht in eine, weil sie Marseille heißt, die Schrift aus roten Lämpchen hängt im Fenster. Der Kellner bringt, als wäre das selbstverständlich, roten Wein. Es ist schön hier, gar nicht fremd.

Auf hohen Hockern sitzen Jean-Paul Belmondo und Jean Seberg, sie küssen sich, die Frau behält die Augen offen, sie lächelt Judy zu. Merkt denn keiner, dass sie illegal ist, heimlich, ganz und gar verboten? Sie geht wieder raus auf die bunte Straße. Plötzlich steht Helmut Vogel vor ihr, ein ehemaliger Kommilitone, der Intelligente mit dem Glasauge.

Du hier? Wie lange lebst du denn schon nicht mehr in der DDR? Immer die Hundertfünfzigprozentigen, die hauen immer zuerst ab.

Sie muss zurück, zurück, zurück. Sie ist im Westen, wie sie hergekommen ist, weiß sie nicht. Irgendwo war ein Spalt, eine verborgene Tür, ein Durchgang. Jetzt will sie zurück. Sie rennt, stolpert, fällt hin, steht wieder auf. Sie hat wahnsinnige Angst, wie soll sie ohne Pass, Visum, Ein- und Ausreise-Erlaubnis zurück, sie werden sie schnappen, werden fragen, wie sie durchgekommen ist, da vorne sind sie, in ihrem Glashaus, Judy kann sie sehen mit ihren Dienst-an-der Grenze-Gesichtern, wie sie alles kontrollieren, ohne Genehmigung werden sie sie einsperren.

Diesen Traum hat Judy mit Abweichungen in der Personnage in achtundzwanzig Mauerjahren etwa zwanzigmal geträumt. Beim Aufwachen war sie immer glücklich.

Sie hatte den Westen gesehen und lag zu Hause im Bett.

Judy vertraute der Chance des Traumbildes, dafür nahm sie die Enttäuschung durch das Wirkliche in Kauf.

Der 9. November 1989 war ein Donnerstag

*Aus der Oase der Utopien in die Wüste des Wohlstands.
(Volker Braun)*

Judy hatte ihren lila Morgenrock an und war abgeschminkt, als am Abend die Nachricht kam. Der vergangene Sommer hatte es angekündigt. Junge Leute in verwaschenen Jeans versuchten, über Ungarn in den Westen zu gelangen. Die Jugend rannte vor dem Sozialismus weg, sie wollte die Welt sehen, sie wollte Bananen, elektrische Zahnbürsten und Turnschuhe von Adidas. Die Jugend flüchtete vor der sozialistischen Utopie mit ihrer Mangelwirtschaft in die bunte Warenwelt des Kapitals.

An jenem Abend nahm Judy zwei Faustan, ein in der DDR verbreitetes Beruhigungsmittel. Die Kinder schliefen Hand in Hand, Henri recherchierte auf den Seelower Höhen für den Film »Totengräber«.

Judy ging ins Bett und träumte vom Besuch auf dem Mond. Barbara, Brechts Tochter, und Ekkehard Schall, der Schwiegersohn, besaßen auf dem Mond eine Zweitwohnung, die sie bereits eingerichtet hatten, mit Panoramafenstern und einer Bar im amerikanischen Stil. Heiner Müller war da, Nina Hagen hatte sich ebenfalls angesagt, sie wollte das Lied vom vergessenen Farbfilm noch einmal singen. Der Mond war grau, erhellt von Neonlicht, er sah aus wie die Erde im November.

Am nächsten Morgen, es war der 10. November, ein Freitag, stand Judy auf, weckte die Töchter, bereitete das Frühstück und sagte eine Spur zu sachlich: Damit ihr es wisst – die Grenzen sind auf! Dann ging sie in die Redaktion, die Kollegen waren aufgekratzt, Judy melancholisch.

Im Badezimmer hörte die elfjährige Sophie im Radio, dass die Leute vor Freude weinten. »Es war so ein Schreck«, schrieb sie in einem Schulaufsatz, »so ein Schreck, wie wenn ich was Schönes bekomme. Leicht hat man sich gefühlt, ganz leicht. Wir haben Benjamin besucht, der ist so alt wie ich. Ich habe vor ihm so getan, als ob ich alles ganz normal finde. Ich wollte alles bewundern, aber ich wollte nicht, dass der denkt, ach, da kommt das arme Ostkind und staunt über jedes Krümelchen.«

Wir Deutsche, sagte Walter Momper, der Bürgermeister von Berlin, am Tag nach dem Mauerfall vor dem Schöneberger Rathaus, wir Deutsche sind heute das glücklichste Volk der Welt.

Einige Wochen später waren Henri und Judy eingeladen zu einem Fest in der Akademie der Künste. Der Sprachlosigkeit im Glück der deutschen Vereinigung wollte ein Projekt der Akademie frühzeitig entgegenwirken. Die eilig einberufene Sektion Film versammelte Dramaturgen, Regisseure, Kameraleute, Filmkritikerinnen aus Ost und West. Deutsche sollten Deutschen von sich erzählen – jeweils unter vier Augen, ein traumtänzerisches Unterfangen. Paarweise, nach dem Zufallsprinzip zusammengespannt, wurden sie für eine halbe Stunde in separierte

Räume geschickt, wo sie sich gegenseitig ihr Leben erzählen sollten, Auge in Auge.

Judy erinnert sich, dass ihr die Situation peinlich war, irgendwie pornografisch. Es war wie in der Umkleidekabine beim Röntgen, nur dass man sich selber zu durchleuchten hatte, wobei das weniger die Westler betraf, mehr die Ostler, denn die hatten, so die allgemeine Erwartung, mehr Geheimnisse ans Licht zu bringen.

Wenn zu der vaterländischen Gruppentherapie gehörte, dass die Deutschen einander anfassen sollten, ein deutscher Mensch den anderen deutschen Menschen, so hat Judy das verdrängt; das Gesicht ihres Gegenübers jedenfalls hat sie vergessen. Die anschließende Auswertung war nicht ohne Komik, ein rührender Versuch, der gemischten Gefühle dieser Zeit Herr zu werden. Schon früh war Verrat in den deutsch-deutschen Beziehungen.

Im August 1990 schrieb Henri an Judy eine Karte aus Paris:

> Liebe Judy,
> was mich die Tage hier beschäftigt, ist die Wahrnehmung, dass ich mich in dieser Zeit hier geborgener fühle als in unserer veränderten Landschaft: Hier ist alles noch so, wie ich es kenne, unverändert und kalkulierbar. Wollen wir emigrieren?
> Dein Henri

Vorwärts und Vergessen

Es war einmal ... (Gebrüder Grimm)

»Lasst euch nicht verwenden!« – diese Losung hatte auf einem Transparent bei der Demonstration am 4. November 1989 auf dem Alexanderplatz gestanden. »Lasst euch nicht verwenden!« Zum ersten Mal hatte Judy sich damals auf dem kahlen Alexanderplatz geborgen gefühlt. Unter den fünfhunderttausend Träumern im Taumel des Wandels.

Eines Tages zehn Jahre danach wird an der Fassade vom Haus des Lehrers ein schwarzes Tuch mit gelber Schrift hängen, dreiunddreißig Meter lang, dreiundzwanzig Meter breit: »Wir waren das Volk«. Die Vergangenheitsform als Provokation. Auf dem Alexanderplatz ist alles von kurzer Dauer. Da herrscht das Vorläufige, durch das der Wind geht wie der Kontrolleur des Prinzips Hoffnung: Wir waren das Volk. Wir waren!

Das Neue entstand unter Verwesungsgestank, hatte Judy 1990 geschrieben: Autowracks lagen wie Pferdekadaver in den Straßen, ausgenommene, zertretene Wartburgs, Ladas, Trabis. Auf den Höfen und vor den Häusern lagerten Haufen ausrangierter Sessel, Schrankwände, Waschmaschinen und Kühlschränke mit verklebten Resten des anderen, vorigen Lebens. Daneben der bunte Müll der neuen Zeit, die mächtigen Kartons von Kellogg's Cornflakes, Omo und Persil, die Pappschachteln von Rama, Sanella und Dr. Oetkers Pizza. Geborstenes Werbefernsehen.

Das Leben rast, überschlägt sich, stolpert vorwärts. Wie wenn ein verträumter Spaziergänger, der gemächlich eine stille Straße entlangschlendert, plötzlich von hinten einen Tritt kriegt, hinfällt, aufsteht und am nächsten Tag ein Geschäft für Leichtmetalljalousien eröffnet.

Unternehmergeist wuchert, allerdings nur bis zu einer gewissen Höhe. Jeder, der sich eine Grillapparatur leisten kann, legt eine Bratwurst drauf und verkauft sie. Die Deutsche Bank nistet im Container, die Berliner Sparkasse baut Baracken, in denen sie die Neubürger berät. Geld ist wieder das einzige Privileg, es macht vieles ehrlicher. Geld ist durchschaubar und verleiht dennoch die Illusion, dass jeder es haben kann, wenn er sich nur anstrengt.

Wie schön ist es in der Eistüte! Das kleine Café an der Ecke war bislang HO. Schlampige Bedienung, Dienst nach Vorschrift, dünner Kaffee, zerlaufenes Eis. An Sommertagen, aber nur, wenn die Serviererinnen Lust hatten, durften die Gäste an vier Tischen mit je vier Stühlen im Vorgarten sitzen, um sieben Uhr abends, spätestens, war Schluss.

Im Frühling wechselte der Besitzer, die »Eistüte« wurde privat. Nun stehen bei schönem Wetter, je nach Bedarf, an die zwanzig Tische mit bis zu sechzig Stühlen draußen, in warmen Nächten bis spät in die Nacht. Der neue Chef achtet darauf, dass jeder prompt bedient wird. Die Eisbecher sind mit goldenen Papierpalmen dekoriert, der Kaffee ist stark, der Weißwein trocken, das Angebot um Würstchen mit Salat und Baguettes erweitert. Ach, Eistüte, kleines Wunder der Marktwirtschaft!

Die Unterwerfung des Käufers unter den Verkäufer, die Unterdrückung des Gastes durch den Kellner, die Anbiederung des Kunden an Schuhmacher, Schlachter, Klempner und Friseure gehören seit Kurzem einer anderen Epoche an. Dienstleistung ist keine Gnade mehr, eine Schande auch nicht. Ein Verhältnis vom Kopf auf die Füße gestellt – der eine leistet einen Dienst, der andere zahlt. Wer zahlt, darf fordern, wer das Geld hat, hat die Macht, selbst wenn sie nur für hundert Gramm Leberkäse reicht.

Todesanzeige aus einer anderen Welt: »Sein ganzes Leben hat er der Sache des Sozialismus gewidmet«. Dem Marx vom Denkmal an der Liebknechtstraße hat jemand einen Pappkarton übergestülpt, ein anderer sprühte auf den Sockel: »Ich bin unschuldig«. Enorme Beschleunigung, ein Jahr wie zehn.

1991. Kleine Konferenz in der Paris-Bar.

Das müssen Sie machen, sagte die blonde Chefin vom »Zeit-Magazin« zu Judy, Sie müssen!

Eine regelmäßige ostdeutsche Kolumne sollte Judy schreiben über die Veränderungen, die sich in ihrer Umgebung und ihrem Alltag abspielten.

Ich weiß nicht, sagte Judy, ich weiß nicht.

Sie sind so natürlich!, staunte die Chefin. So natürlich!, wiederholte sie, und ihr Staunen hörte sich an, als wäre Judy das Gegenteil von zivilisiert.

Die ganze DDR bestand aus Naturkindern, entgegnete Judy, sie haben die Wärme der Kuhställe an sich und die Offenheit einer Grundschulklasse.

Frau Hüllenkremer lachte, Judy lachte. Dieses Lachen gab der Paris-Bar, die nachmittägliche Stille ausstrahlte, etwas Kindliches, ja, geradezu Albernes. Sie tranken noch einen Riesling, und Judy sagte Ja zu einer regelmäßigen Kolumne unter dem Titel »Deutsche Ansichten«.

Sie war zu dieser Zeit Redakteurin bei der Ost-West-Wochenzeitung »Freitag«, die der »Sonntag« zusammen mit der westdeutschen »Volkszeitung« gegründet hatte. In Kreuzberg befand sich Judys erster Arbeitsplatz im anderen Deutschland, ganz oben über den Dächern der Oranienstraße. In den kleinen Dachgeschoss-Büros standen nagelneue Computer und Drucker, in der Mittagspause, falls man sich nicht in der kleinen Küche was warm machte, ging man runter auf die Straße und konnte wählen, italienisch, persisch, türkisch, indisch, und all die anderen freundlichen kleinen Küchen, so was kannte Judy nicht.

Da gab es Cafés, in denen nur Männer saßen, vorwiegend Türken. Multikulti – der Traum von Kreuzberg war ein Wunsch, der sich nicht erfüllte, außer beim Essen. Kebap, Döner, Hummus für alle!

Die neuen Kollegen waren fremd und freundlich; einer wunderte sich: Ihr schreibt da so Kolumnen, ich kann damit nichts anfangen, aber die Leute mögen das.

Die Beigetretenen wollten die Welt ändern wie ihre Kollegen, aber nicht mit forschen Losungen, sondern mit genauer Beschreibung des Alltags; was sie schon in der DDR versucht und nicht geschafft hatten.

Judy fühlte sich in diesen Jahren sehr wach. Die Wende war für sie, was heute eine Booster-Injektion ist: eine geballte Ladung Produktivität gegen gefährliche Viren, die Lethargie ausgelöst hatten und Gleichgültigkeit.

Auf dem ersten gemeinsamen Presseball schenkte ihr ein Kollege aus Hamburg seinen Wohltätigkeitslotteriegewinn, einen Scheck über dreihundert Westmark für einen Einkauf in Meyers Supermarkt. Judy traute sich nicht, das Angebot abzulehnen, und schenkte den Scheck einer Freundin. Solange der Westen sich väterlich fühlte und der Osten dankbar an seiner Schulter lehnte, war die Welt in Ordnung.

Erst in der Rückschau begreift Judy, was in den ersten Jahren Westen mit ihr passiert ist: Sie war dem anderen Deutschland beigetreten. Vierzig Jahre geteiltes Deutschland, vierzig Jahre doppeltes Deutschland. Ein Nichts in der Unendlichkeit. Eine Menge für den, der seine Zeit auf Erden in eben diesem Augenblick zugebracht hat. Unvorstellbar für den, der nicht dabei gewesen ist. Der historische Rang wird später entschieden, Zeit hat Zeit, Zeit hat Zukunft.

Die Gegenwart drängt auf Verdrängung, vorwärts und vergessen. Auch das Vergessen haben wir uns geteilt, die einen vergessen schneller, die anderen langsamer. Mehr Gefühl haben zweifellos die Ostdeutschen investiert, mächtig fegte der Sturm der Geschichte durch sie hindurch, hinterließ abgeblätterte Existenzen, Hoffnung auch.

Die bizarre deutsche Zwischenzeit währte ein halbes Jahrhundert, sie war zufällig Judys Jugend.

Nie wieder Krieg, hatten ihre Eltern 1946 geschworen, sie rauchten eine Chesterfield und traten in die SED ein.

Es sollte was Besonderes entstehen, eine ganz und gar andere Gesellschaft, ein Gemeinwesen der Gleichen und Freien, dafür alle Kraft und aller Verzicht.

Der Enthusiasmus war von kurzer Dauer. Schon die nächste Generation zweifelte. Die darauffolgende erlebte nur noch die Leere, nur noch die sinnlose Einschränkung der persönlichen Freiheit. Manche muss man zu ihrem Glück zwingen, dachten die Getreuen. Dass mit dem Sozialismus die Menschheit »aus dem Reich der Notwendigkeit in das Reich der Freiheit« springe, hatte Engels prophezeit. Der Sprung misslang. Erst in der Rückschau begreift Judy, was mit ihr passiert ist: Sie war dem anderen Deutschland beigetreten.

Judy war die Variante-Mutante vom Ende des vorigen Jahrhunderts. Kein Ort nirgends zwischen Wir und Ich, die Passage ist zugig. Judy hat jetzt eine Geschirrspülmaschine und einen Computer, Auto keins. In ihrer Wohnung hängen dieselben Bilder, liegen dieselben Teppiche, die Wand links vom Fenster ist schwarz von der Gamat-Gasheizung, alles wie eh und je. Nur Ramosa ist weg, die weiße VEB-Couchgarnitur, dafür hat Judy geblümte Sessel im Laura-Ashley-Stil angeschafft. Im Kühlschrank findet sich statt Bördekäse aus Neubrandenburg ein französischer Roquefort und statt Nordhäuser Doppelkorn italienischer Weißwein. Für den Fall, dass es lustig werden könnte, ruht im Tiefkühlfach eine Flasche Wodka, Moskowskaya, wie immer.

Zehn Jahre beschleunigtes Deutschland, Ankunft unbestimmt. Eben noch hat Judy Zellstoffrollen in taschentuchgroße Stücke geschnitten, wegen Schnupfen und DDR-Misswirtschaft, da bestellt sie sich schon, Lieferung frei Haus, fünf Kisten Chianti classico vom Weingut Castiglionchio in der Toskana, wo sie ihre Ferien verbracht hat.

Andere Ostdeutsche taten das auch, Judy erkannte sie an ihren Gesichtern von trotziger Demut. Sie sind lernfähig, aber sie lernen nur, was ihnen gefällt. In zehn deutschen Jahren haben sich die Rundstrickbürger vom Busurlaub an den Gardasee zu Fattoria-Ferien auf den Hügeln um Florenz gemausert; sie sehen jetzt bunt aus, tragen Baseballcaps und üben das Individuelle, ihre neue Uniform. Judy lacht seltener, die Entfernung zwischen Ideal und Wirklichkeit hatte in der Deutschen Demokratischen Republik mehr Komik als in der Bundesrepublik. Vielleicht war mehr Tragik dahinter.

Westen, das ist die Möglichkeit, zu schreiben ohne Rücksicht auf die Weisungen einer Abteilung für Agitation und Propaganda, die die Journalisten als »kollektiver Organisator« an die Kandare nahm und ihnen ins Gewissen redete.

Westen, das ist Heimweh auf beiden Seiten. Westberliner sehnen sich nach der Mauer, Ostberliner kaufen bei Saturn Pionierlieder. In der Stäv, der »Ständigen Vertretung«, dem Vertriebenenlokal am Schiffbauerdamm, nuckeln die Bonner verträumt am Kölsch. Zehn Jahre wie eins, hundert Jahre Einsamkeit. Aber das Kölsch ist gut.

Vergessene Versuche

Man kann auch auf einer Leiter, deren Sprossen aus Niederlagen bestehen, nach oben klettern.
(Konstantin Wecker)

Auf der rechten Seite der Oranienstraße kam er ihr entgegen. Nicht groß, aber schnell, grau melierte Locken, mehr hinten als vorn, der Bart ein Verschnitt aus Lenin und Prinz Eisenherz, Jeans, Jackett, offenes Hemd, bisschen Bauch, irgendwie hüpfend. Mathias Greffrath, der von Gruner + Jahr frisch als Chefredakteur der guten alten »Wochenpost« installierte Alt-Achtundsechziger. Greffrath suchte sich seine Leute aus Ost und West persönlich zusammen, zu Fuß.

Gibt's hier irgendwo 'n Café?

Kreuzberg SO 36 wacht spät auf, aber die türkische Bäckerei gegenüber war offen. Ein Stehtisch, orientalische Musik, zwei dunkelhaarige Männer aßen Pide.

Ich habe mich gerade von meiner Freundin getrennt, sagte Greffrath und rührte abwesend mit lautem Löffel in der Kaffeetasse. In der nächsten Sekunde erschien auf seinem Gesicht dieses attackierende Lächeln, das, wie Judy später bemerkte, von einer unverschämten Lust zum Spielen kam, Spielen mit Ideen und Zusammenhängen. Als hinge in seinem Kopf eine Lichterkette aus Geistesblitzen, die abwechselnd aufleuchten und sein Gesicht erhellen.

Können Sie sich vorstellen, die Zeitung zu wechseln?
Oh.
Und hätten Sie Lust, ein Ressort zu leiten?
Oh, Gott.
Leute wie Sie und ich müssen jetzt leiten, wir sind jetzt dran.
Meinen Sie?
Können Sie sich vorstellen, dass Sie ab September ...
Was, September schon?
Schnelle Zeiten erfordern schnelle Entschlüsse, ick ruf Sie an.

Greffrath kramte das Geld für die beiden Kaffees aus der Jackentasche und legte es auf den Ladentisch. Dass er am Schluss wie nebenbei ins Berlinische verfiel, war eine bewusste oder unbewusste List zur Beschleunigung von Judys Entscheidung gewesen: ein Westler, der in einem offiziellen Gespräch berlinerte, musste Judy zutraulich stimmen, ein Chefredakteur, der sich seine Leute eigenhändig zusammensammelte, obwohl er den großen Konzern Gruner + Jahr im Rücken hatte, entsprach nicht dem verbreiteten Bild.

Greffrath war das Beste, was Judy in dieser Zeit passieren konnte. Sie glaubte an die Machbarkeit einer Zeitung, in der der Anspruch nicht die Popularität vertreibt. Bildung war für den Montaigne-Verehrer Greffrath viel, aber nicht alles, Bildung bedeutete für ihn auf eine sehr materialistische Art das bessere Leben, er war ein Intellektueller mit Leib und Seele, es kam allerdings auch vor, dass er verärgert eine Kollegin bis kurz vor die Toilette verfolgte und schrie: Scheiß die Wand an!

Bildung war das Lasso, mit dem er seine Gesprächspartner umgarnte, einfing und wenn es sein musste, auch zu Boden warf, Bildung war sein Lieblingsspielzeug. Die Energie dieses Mannes schien unerschöpflich, er blühte umso mehr auf, je länger der Arbeitstag war, das verlangte er von allen. Müde werdenden Kollegen stellte er einen Aperol Spritz auf den Schreibtisch – orangefarben, munter und sonnig.

Ost- und Westkollegen stritten über den Osten, vor allem über »die armen Kinder«, die im Kindergarten Topf an Topf auf ihren Töpfchen saßen und sich wohlfühlten in der intimen Geselligkeit, aber, wie Westkollegen wussten, für die Demokratie – leider, leider – ein für alle Mal verloren waren.

Als Journalisten waren die meisten Westkollegen anregend, manche hatten sogar Humor. Judy lernte von ihnen Schnelligkeit und Konkurrenzlust. Was lernten sie von ihr? Mehr, als ihnen lieb war. Offenheit zum Beispiel.

Judy wurden Reportagen abverlangt über Themen, von denen sie keine Ahnung hatte, zum Beispiel »Der Cashmereklub – Luxus in Hamburg«, »Goldfische – Investmentbanker bei der Dresdner Bank in Frankfurt am Main«, über den Ruderachter, der am Kaiserstuhl trainierte, Judy kannte noch nicht einmal das Wort Ruderachter. Das alles machte ihr ungeheuren Spaß, sie fühlte sich dem wilden Westen gewachsen.

Unter vielem anderen schrieb Judy auch eine kuriose Marginalie über ein Ostthema unter der Überschrift »Kirschmund«. Sie rief Lotte Ulbricht an, die Frau des Ersten Sekretärs der Sozialistischen Einheitspartei Deutschlands:

Spreche ich mit Frau Ulbricht?

Ja.

Hier ist die »Wochenpost«, wir würden uns freuen, wenn Sie uns was über Ihren Mann erzählen könnten, immerhin wäre er diese Woche hundert geworden.

Ich will meine Ruhe haben. Ich jage sie alle weg, die vom »Spiegel«, die von der »FAZ«, alle.

Eine Bekannte von Ihnen hat mir Ihre Telefonnummer gegeben, sie kennt Sie noch aus dem Liebknechthaus von damals, als Sie sich noch einen Kirschmund gemalt haben.

Kirschmund, Quatsch. Der geht's wohl auch nicht mehr so gut, die läuft ganz krumm.

Wollen Sie nicht doch mit mir sprechen?

Will ich nicht. Lesen Sie meine Aufsätze von 1965!

Das Ostwest-Team wollte die alte »Wochenpost« zu einer jungen gesamtdeutschen Zeitung machen, mit hohem journalistischem und politischem Anspruch.

Doch der Konzern war ungeduldig, die Auflage stieg nicht, sie sank. Eines Tages, an einem Vormittag, wurde Mathias Greffrath, der Chefredakteur, in ein mittelklassiges Hotel im Prenzlauer Berg bestellt. Jemand sagte ihm dort, dass nun Schluss sei, drei Jahre nach dem Treffen in der türkischen Bäckerei. Er war entlassen. Ein paar Wochen zuvor hatte in der »Washington Post« gestanden: »Die derzeit faszinierendste Zeitung im Osten ist die Wochenpost.«

Die Kollegen aus Ost und West begingen Greffraths Abschied im Café Adler am Checkpoint Charlie, er schickte ihnen Kopien dieses Briefs:

»Mit dem Abschied, den ihr mir bereitet habt am Dienstag im ›Adler‹, habt ihr mich tief beschämt. Nie in meinem Leben haben Menschen, Kollegen, Freunde so generös über meine Schwächen hinweggesehen, hinweggesungen. Danke. Wir haben die Wochenpost, so unwahrscheinlich das war, über die Wendezeit gebracht. Wir haben sie kämpfend, streitend, uns überarbeitend, unsere Freunde vernachlässigend, lachend und kräftig gewendet. Und uns dazu. Mit Gebrüll und Umarmungen ... Für mich war das eine sehr glückliche Zeit.«

Die »Wochenpost« lebte noch eine Weile weiter, auf kleinem Fuß, unter der Leitung eines jungen Mannes bürgerlicher Herkunft, ein Zwischenspiel. Ein Matthias nach dem anderen. Der zweite Matthias, jünger als der erste, durfte als Chefredakteur bei der »Wochenpost« erste Erfahrungen als Chef machen.

Für eine Konferenz hatten seine Eltern ihm ihr Ferienhaus in der Nähe von Paris zur Verfügung gestellt, ein altes Kloster. Die »Leistungsträger« der Redaktion durften dort ein paar Tage übernachten und Pläne schmieden. Manche von ihnen konnten Judys Begeisterung über das schöne Haus nicht teilen, ihr Geschmack war ideologisiert.

Die Eltern hatten für ihren Sohn, den neuen Chefredakteur, alles liebevoll vorbereitet, unter anderem haben sie angespitzte Stifte und Kugelschreiber für alle bereitgelegt und ein aufmunterndes Briefchen dazu; es waren eben stolze Eltern, die sich freuten, dass ihr Junge auf dem Weg nach oben war. Es gab also doch Übereinstimmungen zwischen Ost und West, was die Mamas und Papas begabter Kinder anbelangte. Was Judy überraschte, war ein Wasserhahn in der Küche, aus dem Rotwein floss.

Unter den wechselnden Chefredakteuren war einer, der sich schnell aufregte. Judy und ihr Kollege Kopka arbeiteten gemeinsam an einer Reportage über das Berliner Ensemble.

13:30 Uhr. Chef schreit: Sie arbeiten schon vier Tage an der Reportage, wie lange dauert das eigentlich noch? Aber mal 'n bisschen plötzlich, ja?

14 Uhr. Chef bekommt den Text.

14:30 Uhr. Chef erscheint wieder und sagt: Schön, sehr schön.

17 Uhr. Chef schreit. Wo sind die fertigen Seiten?

Die Reporter erklären: Wir sind noch bei der Korrektur und der sprachlichen Überarbeitung, aber die Seiten sind so gut wie fertig.

Chef schreit: Wie soll ich das verantworten vor den anderen Kollegen, dass Sie hier ewig an einer Sache arbeiten? Ja, ich weiß, Ihre Texte sind schöner. Aber auf den Knochen der anderen. In der Zeit, in der Sie einen Text schreiben, schreibe ich drei. Wissen Sie überhaupt, was Journalismus ist? Mir können Sie nichts vormachen, ich war selber Reporter. Wenn ich so gearbeitet hätte wie Sie, wäre ich rausgeflogen, aber achtkantig.

Sie hatten erst die »Wochenpost« neu erfinden, dann »Die Woche« als die »Kleine ›Zeit‹« kreieren und durch die neue Zeit bringen wollen. Sie scheiterten gemeinsam. Es war schön, zu scheitern und weiterzumachen. Es war anregend, zu scheitern. Und traurig. Und es hat Spaß gemacht. Nach der einen Zeitung scheiterte die nächste. Vom »Sonntag« zum »Freitag« zur »Wochenpost«, danach zur »Woche«, und dann beinahe zum »Rheinischen

Merkur«, aber der war Judy dann doch zu christlich. Judy konnte das Scheitern lernen, ohne zu verzweifeln. Alles auf Probe, alles mit der heißen Nadel genäht, alles auf Kante. Judy erlebte niemals eine spannendere Zeit. Zehn Jahre Zusammenarbeit von Ost und West. Kollegen aus Hamburg, Berlin, München und Hannover, keine Dreamteams, sondern Erfahrungen im Guten wie im Schlechten.

Verständnis für den Osten bei jenen Westkollegen, die irgendwann irgendwas mit dem Osten Deutschlands zu tun hatten. Die dort geboren wurden und als Kinder mit ihren Eltern in die Bundesrepublik gingen und ihr Leben lang mit bestimmten Gerüchen ein östliches Heimatgefühl verbanden.

Vom Ende der Ost-West-Zeitung »Wochenpost« erfuhr Judy auf einer Dienstreise in die westdeutsche Provinz. Am Morgen beim Hotelfrühstück rief das Sekretariat der Redaktion aus Berlin an: Lassen Sie sich Zeit mit dem Frühstück, es ist vorbei mit der »Wochenpost«.

Judy hatte nicht einmal die Kraft, vom Stuhl zu fallen. Das Scheitern war die aktuelle Daseinsform des Ostens. Aber auch die des Westens. So ist es heute noch.

Sie stellten sich vor, dass Ostdeutsche und Westdeutsche etwas Drittes Deutsches schaffen würden, etwas Neues, Besseres. Auch damit scheiterten sie. Ostwestdeutsches Scheitern war, ist und wird es bleiben: das Phänomen dieser Zeit. Sie konnten zusammen lachen, und sie haben erlebt, wie Geldgeber Tränen in den Augen hatten, als sie bekannt geben mussten, dass es mit der jeweiligen Zeitung zu Ende ging, weil kein Geld mehr da war.

Damit ist nicht der Konzern Gruner + Jahr gemeint, der

war unsentimental, deshalb wusste dieser Konzern eins ganz genau: wann Schluss sein musste.

Ein Vierteljahrhundert lang waren die Ostdeutschen wie anästhesiert ob der sozialen und moralischen Verwerfungen und der Verweise in die 2. Klasse: Hammer auf den Kopf, Sichel am Hals, Lidl-Steaks auf dem Grill. Die Ahnung, letztendlich nicht die Helden der friedlichen Revolution, sondern die Verlierer der deutschen Einheit zu sein, wurde zum Verdacht. Als sie aus der Narkose erwachten, begannen einige von ihnen zu schreien. Und zu hassen. Den Westen, die Flüchtlinge, die Politiker, die Corona-Impfstoffe. Die Geschichte der DDR ist in den vergangenen Jahrzehnten fortwährend und mit sämtlichen Fehlern wiederholt worden: Hier die Täter, dort die Opfer der Stasi, dazwischen der normale Alltag, von dem wurde nicht viel berichtet. Nach dreißig Jahren fing man an, sich den Osten genauer anzusehen, und kam um die Widersprüche nicht herum.

Die Menschen im Osten, das war in der langen stummen Zeit vergessen worden, hatten einen Aufbruch hinter sich, genauer zwei: den Aufbruch in eine sozialistische Gesellschaft 1945, die Diktatur der Arbeiter und Bauern. Und den in eine demokratische sozialistische Gesellschaft, den die Bürgerrechtler wollten, aber auch jene, die am 4. November 1989 auf dem Alexanderplatz zusammengekommen waren, ohne Bürgerrechtler zu sein.

Irgendwann fing Judy an, Bücher zu schreiben. Und Bücherschreiben kann gefährlich sein. Neue Werke ziehen Lesungen nach sich, locken Publikum an, Publikum will Autogramme.

Öfter ereignet sich Nichtvorhersehbares:

Aus der Autogrammschlange tritt eine Frau mit hochroten Wangen an das Pult.

Ihr Vater war mit meiner Mutter zusammen, teilt die Unbekannte mit. Sie hält ein Foto in der Hand, auf dem Willi, Judys Vater, und Doris, seine neue Frau, glücklich lachend vor dem Bahnhof Friedrichstraße stehen. Ein altes Foto, ein Schockmoment: Ist die Frau, die das Foto mitgebracht hat, vielleicht meine Schwester?, denkt Judy. Sie zögert einen Augenblick und überreicht der Fremden ihre Visitenkarte.

Die entfernt sich, und die Schlange bewegt sich in gut gelaunter Gleichgültigkeit vorwärts.

Am nächsten Tag erfährt Judy: Die Fremde ist nicht ihre Schwester. Das Foto darf sie behalten.

Noch ein Beispiel: Ein älterer Mann kommt vor zum Büchertisch, sieht Judy anklagend in die Augen, duzt sie:

Ich werde in deinem Buch als Einziger mit Namen genannt: »Wie der Typ vom Rummel müssen Männer aussehen, nicht wie Wolfgang Puff aus meiner Klasse«, schreibst du.

Ach, du liebe Güte, wer steht da vor Judy? Das ist doch nicht der Kleine im Lumberjack auf dem Klassenfoto der Neunten? Da steht nach mehr als fünfzig Jahren ein großer gut aussehender Mann, der Humor hat und schon lange nicht mehr heißt, wie er hieß. Wer rechnet denn mit so was?

Zwei Wochen später trifft Judy den Mann zufällig in einem Jazzlokal in Weißensee.

Sie reden über ihre alte Schule.

Na ja, ihr Mädchen habt ja immer nur die Jungs aus den oberen Klassen beachtet.

Stimmt nicht, sagt Judy, ich war verknallt in Fritz Repkow.

Was, Fitti?, sagt er, der war doch mein bester Freund. Hättest du mir das gesagt, hätte ich es ihm doch gesteckt: Fitti, Judy liebt dich!

Frühstücksflirt

Der Flirt ist ein Versuch, gleichzeitig Feuer zu fangen und zu löschen. (Senta Berger)

Judy und Henri haben während ihrer langen Ehe immer, fast immer, miteinander geflirtet, mal süß, mal sauer, es war ein Spiel, das ein lange währendes Interesse aufrechthielt, verbunden mit einer Distanz, die der Liebe Freiraum gab. Ein in Herz und Verstand tätowierter Flirt, der sich nicht löschen ließ.

>*Henri:* Ich bin dein Mann. Guck her – ich bin dein Mann!
>*Judy:* Komische Figur bietest du.
>*Henri:* Hast du dir deinen Mann so vorgestellt? In deinen Jungmädchenträumen?
>*Judy:* Nicht direkt.
>*Henri:* Anstatt du sagst: Nicht zu träumen gewagt.
>*Judy:* Ich bin müde. Noch mal mache ich das nicht. Dass ich meine Freizeit mit einem Bürgerrechtler verbringe.
>*Henri:* Hab ich ein Glück! Du sagst nie, dass du glücklich bist.
>*Judy:* Is ja auch 'n bisschen ambivalenter. Glück ist, wenn alle Blütenträume reifen. Du hast mehr Glück.

Henri: Ich bin nicht Brecht!
Judy: Na eben; dann sieh das doch endlich mal ein! Haste so was wie einen Kamm? Weißte, dass man seine Haare frisieren kann?
Henri: Damen frisieren sich, Damen!
Judy: Ja, aber wenn du dich nicht frisierst, siehste aus wie 'ne Dame.
Henri: Ich bin ein Spätentwickler.
Judy: Na, hoffentlich.
Henri: Immer diese Erniedrigungen!
Judy: Mann, lass mich das machen! Ist meine einzige Entspannung.
Henri: Ich kann ja aus dem Leben scheiden, dann hast du es leichter.
Judy: Du bleibst da!
Henri: Ich bin ein Haustier, das Haustier meiner Frau.
Judy: Du bist ein Haustier, das alleine Gassi geht.
Henri: Jürgen Holtz sagt, im Oktober soll in Venedig noch sehr schönes Wetter sein. Die haben da mal ein Gastspiel gegeben.
Judy: Das war vor der Wende, da fand man ja alles schön in Venedig.
Henri: Sonne! Morgenlicht auf den Kanälen, komm, 'bad mein Angesicht in deinem Gold!

Der Eigentümer

Der Tod lächelt uns alle an. Das einzige, das man machen kann, ist zurücklächeln. (Marcus Aurelius)

Henri sitzt auf einer Bank auf dem Französischen Friedhof, drei Meter entfernt von der Grabstätte, deren Eigentümer er ist, und zehn Meter weg von der Chausseestraße, wo Straßenbahnen, Autos und Erdenbürger lärmen. Früher hat er gesagt »Besitz macht unfrei«, nun denkt er anders darüber, er ist jetzt Eigentümer und stolz auf das einzige Grundstück, das er je im Leben besessen hat.

Henri blättert in einem Taschenbuch mit Brecht-Gedichten. Zuweilen hebt er den Kopf und guckt hoch zu Brechts Wohnung, dann wieder runter auf das Doppelgrab, wo er mit Judy einziehen will, zuerst er, klar, er ist acht Jahre älter als sie, und sie hat nie geraucht. Manchmal lässt sich der Dichter am Fenster seiner Wohnung blicken, so scheint es.

Henri verfügte, dass ein roter Rhododendronbusch auf das Grab gepflanzt wird, damit es nicht so kahl ist, wenn Judy mal herkommt, zum Beispiel zur Beerdigung von Henri.

Er ruft sie an: Wollen wir was essen?

Aber nicht auf dem Friedhof, sagt Judy, da kannst du noch ewig sein.

Aber nicht im Sitzen, nur im Liegen ist mir die Ewigkeit sicher, kontert Henri.

Wo wollen wir denn hingehen, ich kann in einer halben Stunde da sein.

Ich warte auf dich im Pasternak.

Judy bestellt sich einen russischen Wodka und sagt dem Kellner: Bitte bringen Sie das Essen erst, wenn mein Mann da ist.

Wenig später drängt sich Henri, geschoben von Wind und Wetter, durch die von einem dicken Vorhang geschützte Tür. Judy wird plötzlich überflutet von übermütiger Freude, die ihr die Erinnerung schickt. Es war der Handkuss. Henri nahm ihre Hand nicht hoch zu seinem Mund, sondern beugte sich herab zu ihrer Hand wie damals, als sie zum ersten Mal seinen wohlgeformten Hinterkopf gesehen hatte.

Sie essen Borschtsch, danach Bliny mit Krokant und schwarzen Beeren und trinken aus russischen Teegläsern, den Podstanniki, da sind wilde Reiter und siegreiche Herrscher eingraviert. Zu Hause haben sie auch zwei davon. Judy hat sie vor vielen Jahren im Speisewagen von Moskau nach Berlin entwendet.

Weißt du noch, Henri, du hast auch mal zwei Gläser geklaut, in einem Weinlokal in Prag, aber der Kellner hat deine ausgebeulten Jacketttaschen bemerkt, als wir gehen wollten, und du hast die Gläser reumütig zurückgegeben. Der Kellner hat Rotwein in die beinahe geklauten Gläser gegossen und gesagt: Geht aufs Haus. Judy lacht.

Henri sieht sie an: Wie schön du bist, wenn du dich freuen kannst.

Epilog – Die verletzte Taube

Dem entschlossenen Irrsinn der Macht kann nur die entschlossene Vernunft entgegentreten. Die elementare Arbeit der Dichtung bleibt, den Frieden zu denken. (Volker Braun)

Sie hatte sich dicht an das Gemäuer des U-Bahnbogens Schönhauser Allee gedrückt, weg von den Füßen der Passanten, weg von den geschäftigen Unternehmungen der Ihrigen, weg von aller Berührung. Sie hatte sich an den Rand gebracht, die verletzte Taube, keiner war bei ihr. Das Graublau der Taube ging ein in das blaue Grau von Kopfsteinpflaster und Mauerwerk. Harmonie der Schöpfung von Natur und Mensch, gestört allein durch den Ausdruck von Ratlosigkeit in der Haltung des Tiers, das seinen Kopf tief in das Gefieder gesteckt hatte und dessen Blick mich meinte, mich. Mir vertraute die Taube ihr Leid an, ich war die Adressatin der Klage dieser Kreatur.

Nach acht Stunden in der Redaktion fuhr ich mit der U-Bahn nach Hause. Als ich ausstieg, sah ich die Taube im nasskalten Dunkel an derselben Stelle, ihr Kopf war nicht mehr zu sehen, nur noch lebloses Zeug aus Federn. Das Angekündigte hatte stattgefunden.

Picasso zeichnete 1949 das Symbol der Sanftheit und des Friedens, seine weiße Taube wurde weltberühmt und ist das Wahrzeichen der Friedensbewegung seit dreiundsiebzig Jahren, die weiße Taube ist abgestürzt, was ist bloß los mit der Welt.

Der Sohn von Käthe Kollwitz war mit achtzehn jubelnd in den Ersten Weltkrieg gezogen, er fiel eine Woche später in der ersten Flandernschlacht. Die Mutter schrieb ihm einen Brief, das Kuvert kam zurück, es trug den gleichgültigen Vermerk »Zurück – tot«.

Auf dem Kollwitzplatz steht unter Bäumen seit 1961 das stolze Denkmal der Künstlerin Käthe Kollwitz, geschaffen von Gustav Seitz. Eine Mutter, die den Sohn im Krieg verlor und diesen Verlust niemals verwunden hat. Mit ihrem Mann, einem Arzt, wohnte und arbeitete sie auf zwei Etagen an der Ecke Weißenburger Straße, bis das Haus 1943 zerbombt wurde. Lange schon heißt die Weißenburger Straße Kollwitzstraße.

Käthe Kollwitz sitzt seit nahezu fünfundsechzig Jahren auf dem Sockel neben dem Kinderspielplatz und passt auf, »dass nie eine Mutter mehr ihren Sohn beweint«.

»Nie wieder Krieg« – der von Käthe Kollwitz 1924 gezeichnete Schrei gilt nicht mehr. Nie wieder Krieg! Diese drei Worte können wir seit dem 24. Februar 2022 vor uns hin beten. »Frieden schaffen mit schweren Waffen«, das müsste doch hinhauen.

»Im Westen nichts Neues« heißt das Buch von Erich Maria Remarque, das ich als junges Mädchen wieder und wieder gelesen habe: »Jetzt sehe ich erst, dass du ein Mensch bist wie ich. Ich habe gedacht an deine Handgranaten, an dein Bajonett und deine Waffen – jetzt sehe ich deine Frau und dein Gesicht und das Gemeinsame. Vergib mir, Kamerad! Wir sehen es immer zu spät… Vergib mir,

Kamerad, wie konntest du mein Feind sein? Nimm zwanzig Jahre von mir, Kamerad, und stehe auf, nimm mehr, denn ich weiß nicht, was ich damit noch beginnen soll.«

Meine Mutter war neunzehn. Als Bomben auf Berlin fielen und sie mit mir, ihrem kleinen Kind, evakuiert werden sollte, lehnte sie das ab mit dem Satz »Berlin beschützt uns«. Am Ende hatte sie recht. Die SS steckte unser Haus in Brand, wir blieben zufällig alle am Leben. Wir hatten nichts mehr, aber wir lebten. Der Prenzlauer Berg blieb zu siebzig Prozent unzerstört, man kann es heute noch sehen. Es gab auf seinem artigen Asphalt keine kriegswichtigen Produktionsstätten, nichts Nennenswertes, nur Menschen und Einschusslöcher in den Fassaden, jahrzehntelange Erinnerungen an die Kämpfe der letzten Wochen des »Großen Vaterländischen Krieges«.

Die Zerstörung Berlins lag am Kriegsende bei zehn Prozent, was für ein Glück! Der Prenzlauer Berg blieb stehen, er sah aus wie immer, aufrecht, grau und heimatlich. Hungrig, durstig, unterernährt.

Als Großmutter sehe ich zum ersten Mal das Haus, in dem ich geboren wurde. 2022 ist ein Kalender erschienen mit historischen Ansichtskarten und Fotografien vom Prenzlauer Berg. Die Straßen und Plätze haben 1918, 1928, 1930, 1910, 1925, 1929 so ausgesehen wie heute. In dem Kalender gibt es ein Foto von 1918, ich sehe zum ersten Mal ein Haus, das Eckhaus, Friedeberger Straße 2, ein Haus mit eleganter Fassade, mein Herz schlägt lauter als die Glocken der Immanuelkirche.

Ich bin wie so oft am Arnswalder Platz und setze mich wie so oft auf eine steinerne kleine Mauer, sehe ins Licht, in den Regen, den Schnee, in die Gesichter von Margit und Willi, je nachdem. Ich setze meine Maske auf und ab – wir leben mit Corona – ich esse Aprikosenkuchen und trinke Kaffee aus einem Pappbecher von Bäcker Biesewski.

Mein ganzes Leben habe ich im Prenzlauer Berg verbracht, er war meine Haut, ohne Schminke wirkt mein Gesicht blass und grau wie er. Wenn ich zurückkehrte aus Bulgarien oder Polen, aus Moskau, Leningrad, Warschau und Krakau, war ich glücklich, wieder zu Hause zu sein. Im Prenzlauer Berg, dessen hohe Häuser mich höflich begrüßten in ihrem verfallenen Stolz. Hier war ich nicht allein mit dem erstarrenden Sozialismus, die Geschichte war immer anwesend. Die schnurgeraden Häuserreihen, aufrecht und diszipliniert noch im Hinfälligen, gaben denen, die danach suchten, Halt.

Da war im dreißig Jahre lang nicht renovierten Hausflur eine über eine ganze Wand reichende, schwer beschädigte Jugendstil-Malerei. Unsere dreijährige Tochter nannte sie Tante Winkeler, Guten Morgen, Tante Winkeler, sagte sie und winkte ihr zu.

Der Prenzlauer Berg war eine so pragmatische wie poetische Mischung aus Künstlern, Kriminellen, Intellektuellen, Proletariern, Rentnern und Studenten. Dazu kamen Friedhofsgärtner, Kulissenschieber, Hilfsarbeiter, Möchtegernkünstler und Außenseiter jeglicher Art. Professoren der Humboldt-Universität und sogenannte Assis lebten als Nachbarn.

So nahe kamen sich Arbeiter und Künstler, Künstler und kleine Leute wohl nie. In dieser Mischung zeigte sich der romantische Rest der sozialen Utopie einer Gesellschaft von Gleichen.

Die führende Rolle der Arbeiterklasse, an die schon lange keiner mehr glaubte, hier war sie runtergebrochen auf ein realistisches Maß. Hier wurde gesagt, was gedacht wurde, hier wurde die Phrase überführt und lächerlich gemacht, wurde leeres Pathos mit trockenem Witz erledigt.

Wir fanden uns mit allem ab. Dass die morschen Balkons nicht benutzt werden konnten wegen Einsturzgefahr. Dass eines Tages im Erker ein Riesenstück Mauerwerk ins Zimmer stürzte. Die Kinder waren im Kindergarten und staunten, als sie nach Hause kamen, sie durften das Zimmer nicht mehr betreten. Aber sonst war die Wohnung schön. Große hohe Räume, Flügeltüren, Parkett.

Hier riecht es nach Krieg, sagte das Kind, als die Familie in die Wohnung am Kollwitzplatz umzog. Dabei hatte es in allen Wohnungen, die das Kind kannte, nach Krieg gerochen. In den Kellern riecht es immer noch nach Krieg.

Harald Metzkes war jahrelang unser berühmter Nachbar. Auf der Staffelei stand ein Bild, das Harald Metzkes an diesem Morgen begonnen hatte, daneben ein Tischchen, überzogen mit einem Farbgebirge. Viele Bilder stehen im Atelier.

Das ist ja doch eine herrliche Architektur, wenn man hier runterguckt, sagt der Maler, eine Fensterfront zum Kollwitzplatz, die andere zur Knaackstraße, alle Linien führen auf mich zu. Ich habe hier einige architektonische Dominanten, den Wasserturm und die Kirche. Und dann diese klassischen Blöcke der Häuser, das ist schon großartig ... Das hat auf mich ordnend gewirkt und dem Gefühl des Chaos entgegengearbeitet.

Die Kriegsfolgen, sagt Metzkes, hatten mich erst in

Berlin richtig erschreckt, diese Addition von Döblin-Atmosphäre und Trümmern. In Dresden blühte immer noch irgendwas auf den Ruinen, Berlin war wesentlich brutaler, das brachte mich ja auch zu diesen schwarzen Bildern. In der Meisterschülerzeit haben mir Seitz und Cremer das Atelier hier besorgt, das hat auf mich einen unerhört besänftigenden Eindruck gemacht, meine Bilder veränderten sich total.

Einmal sind Schwäne hier in der Straße langgeflogen, eine ganze Gruppe, ein ungeheurer Schwarm, in Zeitlupe fliegend für unsere Begriffe, weil wir ein falsches Gefühl haben für die Mischung zwischen Auftrieb und Schwerkraft. Wir überschätzen die Schwerkraft, weil wir nicht wissen, wie Flügel tragen können.

1989 kam Neues und Wildes durch die gefallene Mauer. Vor allem andere Menschen kamen. Sie waren jung, sie trafen auf Ostdeutsches, was sie nicht für möglich gehalten hatten. Wild und glücklich.

Die Neunzigerjahre waren die besten.

Wo sind die Menschen vom Prenzlauer Berg geblieben, wo die Maler vom Kollwitzplatz, wo sind die Künstler? Jetzt sieht man nur noch ein paar Schauspieler am Markttag Crêpes essen und ist froh, dass wenigstens sie noch hier rumschlendern, freundlich und scheu.

Die meisten Väter sind Informatiker, die meisten Mütter arbeiten halbtags im Homeoffice. Fast alle haben von ihren Eltern in Bayern, Nordrhein-Westfalen oder Niedersachsen ein Vermögen geerbt und können sich im Prenzlauer Berg schöne Wohnungen kaufen. Ihre Kinder, die inzwischen fast erwachsen sind, wissen alles über Corona und fliegen mit den Eltern in den Ferien nach Sardinien.

Am Vorabend des 1. Mai spielt auf dem Kollwitzplatz eine Militärkapelle. Märsche, Schlager und Volkslieder. Blaskapelle und Krieg gehören irgendwie zusammen, ich habe noch nie einer Militärkapelle so gerührt zugehört. Eltern stehen mit kleinen Kindern vor eifrigen Musikern, alles juchzt: Die Fischerin vom Bodensee ist eine schöne Maid, juchhe. Griechischer Wein und Biene Maja – Liedgut aus Ost und West, nun sind wir wohl doch vereint.

Humor scheint auf. Musik ist besser als Krieg, lachen zwei tanzende junge Mädchen. Der Bundestag beschloss, schwere Waffen in die Ukraine zu entsenden. Kanzler Scholz sagte erst nein, dann ja. Leider.

Ich gehe die Danziger Straße entlang, das Stück zwischen Greifswalder Straße und Arnswalder Platz. Hier hat Meinhard Lüning gewohnt, er war damals siebzehn, er stand am offenen Fenster seiner Wohnung in der Danziger und blies Trompete; später gründete er die »Jazzoptimisten«, wurde Radiologe und zog zum Wannsee. Als ich am Arnswalder Platz bin, klingelt das Handy, Meinhards Frau ist dran, ihre Stimme ist belegt. Er ist tot, sagt sie, vor drei Tagen, sagt sie, während ich durch die Gegend seiner Jugend spaziere; es gibt eben doch mehr Dinge zwischen Himmel und Erde, Prenzlauer Berg und Wannsee.

Drei Wochen bevor der Krieg in der Ukraine loslöderte, entdeckte ich in meinem Schreibtisch eine Zeichnung von Ursula Stroczynski – eine Ruine. Als Kriegskind hatte ich viel mit Trümmern zu tun. Ich verpasste der Ruine einen goldenen Rahmen und hängte sie neben einen Druck der weißen Friedenstaube von Pablo Picasso.

Dank an Franziska Günther

Immer die Balkontür offen. Immer Wein. Immer ist die schöne alte Fuchsweste parat wegen der Kälte, denn Franziska trägt zu dünne Kleider. Es herrschte Corona.
Wir haben weniger gelacht als in anderen Zeiten, aber immer noch genug, um auf Ideen zu kommen.
Dann kam der Krieg. Franziska machte Mut. Das Buch wurde fertig.

Dank an Fritz-Jochen Kopka

Kopka und ich haben zwanzig Jahre zusammengearbeitet. 1985 machten wir ein Interview mit Rolf Ludwig über den vierzig Jahre zurückliegenden Krieg, früher wäre das nicht möglich gewesen. Wir saßen zu dritt in seiner kahlen Theatergarderobe. Ludwig war unverbindlich, schroff und aggressiv. Gut, dass Kopka dabei war.